第四届《安徽古籍叢書》編審委員會

主任委員

黄德寬

副主任委員

諸偉奇

丁　放

彭君華

委員（按姓氏筆畫順序）

卞　利　方錫球　牛繼清　王啓才

吴先伍　施立業　胡傳志　紀健生

陳　林　張玉才　曹小雲　曹天生

程德和　楊　軍　楊應芹　趙國華

鮑　恒　樊嘉禄

安徽古籍叢書萃編

王侍郎奏議

清・王茂蔭 撰
張新旭 張成權 般君伯 點校

黄山書社

图书在版编目(CIP)数据

王侍郎奏议 / (清) 王茂荫撰；张新旭,张成权, 殷君伯点校. —合肥：黄山书社, 2014.1

(安徽古籍丛书萃编)

ISBN 978-7-5461-4274-6

Ⅰ. ①王…　Ⅱ. ①王…　②张…　③张…　④殷…　Ⅲ. ①奏议-中国-清代　Ⅳ. ①K249.065

中国版本图书馆 CIP 数据核字(2014)第 006173 号

王侍郎奏议

出 版 人　任耕耘
策　　划　任耕耘 赵国华 汤吟菲
执行策划　汤吟菲 徐娟娟
责任编辑　赵国华 徐娟娟 范丽娜

装帧设计　未　氓
责任印制　戚　帅

出版发行　时代出版传媒股份有限公司(http://www.pressmart.com)
黄山书社(http://www.hspress.cn)
官方直营书店(http://hsssbook.taobao.com)
营销部电话:0551-63533762　63533768
(合肥市政务文化新区翡翠路 1118 号出版传媒广场 7 层　邮编:230071)
经　　销　新华书店
印　　制　安徽联众印刷有限公司

开本　880×1230　1/32　　印张　7.75　　字数　170 千字
版次　2014 年 9 月第 1 版　　2014 年 9 月第 1 次印刷
书号　978-7-5461-4274-6　　定价　100.00 元

序

黄德寬

值此《安徽古籍叢書萃編》編輯出版之際，欣逢新時期安徽古籍整理出版工作步入而立之年！三十年來安徽的古籍整理出版工作，很值得認真地進行一番回顧總結。

一九八一年，中共中央發布《關於整理我國古籍的指示》，成立了以李一氓同志爲組長的國家古籍整理出版規劃領導小組，正式拉開了新時期古籍整理出版工作的序幕。一九八四年，中共安徽省委决定建立安徽省古籍整理出版領導小組，由時任省人大常委會副主任魏心一同志挂帥，聯合了省新聞出版局等政府部門和安徽大學等高等院校、研究單位，正式啓動安徽省古籍整理出版工作。同年，安徽專業古籍出版單位黄山書社也宣告成立。安徽古籍整理出版工作由此翻開了嶄新的一頁。

三十年間，安徽省古籍整理出版工作堅持初衷，克服困難，在政府部門的支持和社會賢達的關心下，經過學者們的艱辛努力，取得了豐碩成果，其最有代表性的成果就是《安徽古籍叢書》的編纂出版。

《安徽古籍叢書》凝結了當代安徽傳統文化研究領域衆多學者與專家的心血和汗水。以吴孟復先生爲代表，組成《安徽古籍叢書》第一屆編審委員會，賡續安徽先哲編刊地方叢書盛業，梳理文獻綫索，擬訂叢書子目，擘劃編纂體例。遵循嚴格的學術規範，《安徽古籍叢書》自一九八九年三月刊出第一種——《舊聞隨筆》，截至二〇一三年底，連同修訂再版，出版已突破百種，成爲我國當代古籍整理一個有影響力的品牌。

收入《安徽古籍叢書》的各類古籍，既有朱熹、戴震、俞正燮、凌廷堪、程瑶田、黄生、包世臣、楊仁山、吴汝綸等學術巨擘的著作，也有張孝祥、錢澄之、方苞、方文、施愚山、姚鼐、吴敬梓等文學名家的作品；此外，包拯、朱升、朱元璋、阮大鋮、姚瑩、方孝標、劉銘傳等皖籍著名歷史人物的著述也盡在其中。正是因爲歷代賢哲創造的精神財富，使得《安徽古籍叢書》一經出版即蜚聲海内外，產生了廣泛的社會影響。李一氓同志曾經撰文，欣喜地表示：

『現在有一個好現象，安徽要編印新的《安徽叢書》。』當代著名學者金克木、胡道静、張岱年、程千帆等先生稱道『這是安徽文化事業的一項盛舉』。法國漢學家戴廷傑也對《安徽古籍叢書》堅持嚴格的學術規範稱賞不已。

《安徽古籍叢書》的順利編輯出版，還因爲改革開放帶來的時代機遇。改革開放三十多年來，我國經濟文化繁榮昌盛，使得《安徽古籍叢書》能够得到有關方面的財力支持。上個世紀八十年代，《安徽古籍叢書》編纂在發軔之時，就不斷有項目入選國家古籍整理出版規劃，得到國家各方面的有力支持。最新公布的《二〇一一—二〇二〇年國家古籍整理出版規劃》中，包括《方以智全書》在内的新列《安徽古籍叢書》項目品種就多達四十八種。安徽古籍的整理編纂工作，正是在改革開放的大背景下，在全國古籍整理出版工作的大格局中，取得了突出的成就并展現着美好的未來。

《安徽古籍叢書》的編纂出版，安徽大學『省古籍整理出版辦公室』發揮了重要作用。古籍辦的同志們長期堅守在古籍整理出版崗位，甘於清苦，默默奉獻，辛勤耕耘，爲《安徽古籍叢書》的編纂和安徽古籍整理出版工作做出了突出的貢獻。二〇一〇年，在『全國專業古籍出版社社長年會暨全國優秀古籍圖書評獎會』上，時任國家新聞出版總署副署長鄔書林同志作題爲《無愧歷史 珍惜時代 出好精品》的講話，指出：『安徽是堅持地方古籍整理工作最好的省份。不少地方古籍辦幾乎都撤了，或名存實亡，安徽則堅持不輟，并做了大量工作。』

黨的『十八大』從戰略層面提出扎實推進社會主義文化强國建設，豐富人民精神文化生活，『建設優秀傳統文化傳承體系，弘揚中華優秀傳統文化』。《安徽古籍叢書》立足鄉邦文獻的整理編纂，因應了國家文化建設的宏偉規劃，是文化强省乃至文化强國建設事業的題中應有之義。這項事業遠非一兩代人所能完成，正如一九八一年中央三十七號文件所指出的，『整理古籍是一件大事，得搞上百年』。

《安徽古籍叢書》煌煌巨制，結構開放，歷時久遠。回顧過去，出版較早的圖書有些已經絶版；叢書版式、裝幀也屢經變更。爲適應集中展示、收藏和研究的需要，對已經出版的《安徽古籍叢書》進行階段性的集中梳理，適當遴選，統一版式，影印出版本套叢書是十分必要的。

作爲首套《安徽古籍叢書》選編本，我們希望通過這套書的出版發行，能使更多的讀者瞭解、認識和利用好《安徽古籍叢書》，有更多的皖籍、非皖籍專家學者參與到安徽地方歷史文獻的研究整理工作中來，讓《安徽古籍叢書》在未來不斷發展壯大。這是我們在新時期安徽古籍整理出版事業三十年之際的殷殷屬望！

二〇一四年六月

凡例

一、本編從二〇一〇年（包括二〇一〇年）以前出版的《安徽古籍叢書》中選取文獻資料價值大、校點整理質量上乘、學界仍有需求的圖書進行重印。

二、二〇一〇年以後出版者因市場上新書尚多，此次不復列入。早期所版《文學研究法》《舊聞隨筆》《桐城文學淵源考·撰述考》《桐城耆舊傳》《爾雅翼》等雖均爲叢書的中堅，因已有修訂新版，此次亦不復列入。《安徽古籍叢書附輯》整體不予列入。

三、所選圖書按初版時間先後順序編排。

四、采用原版掃描影印，不重新録排，儘量保存原書面貌。原書頁眉中的明顯編輯錯誤，逕改不出校；《竇山公家議校注》《康輶紀行 東槎紀略》兩種原書無頁眉，現統一補加。

五、重新設計製作封面，統一規格、工藝。一律采用大三十二開本，精裝。《説文假借義證》一書原版爲十六開，一個頁面放兩個中國頁，此次按統一開本重新排版，一個頁面放半個中國頁。

并新附《説文假借義證索引》於該書書末，以方便讀者檢索。《毛詩後箋》《吳汝綸全集》《田間詩學》《説文假借義證》等原書規模較大，爲方便讀者閲讀，現重新分册。另，《竇山公家議校注》保留原書西式裝訂方式。

六、收録叢書文獻由於各種原因，還存在這樣那樣的不足，請讀者批評指正。

第四届《安徽古籍叢書》編審委員會

二〇一四年六月

安徽古籍叢書

王侍郎奏議

〔清〕王茂蔭・撰

張新旭　張成權　殷君伯・點校

安徽省古籍整理出版規劃委員會

顧　問　張愷帆* 丁繼哲 王惠鵬 光仁洪 杜維佑 李天敏 李廣濤 胡　坦 胡雲龍
　　　　侯　永 崔劍曉 陶若存 張立一 傅大章 鄭淮舟 鄭　鋭 潘鍔鏱

主　任　魏心一

副主任　陶有法 蔡德麟

委　員　吴孟復 金隆德 祖保泉 鹿世金 賈文昭 黎　洪 劉景龍

安徽省古籍整理出版基金會

理事長　崔劍曉

副理事長　丁繼哲 杜維佑 胡　坦 潘鍔鏱

秘書長　朱　揚 汪慎琳

理　事　田熙臨 李爾榮 李炳忠 吴存心 汪石滿 沈基政 馬素英 孫智林 陳昌茂
　　　　陶顯斌 張其果 張金環 張振明 張繼忠 萬洪翹 鈕　漣 鄭英保 潘培咸

安徽古籍叢書編審委員會

學術顧問　王子野 吴小如 吴作人 吴組緗 周一良 周紹良 金克木 宛敏灝
　　　　　胡道静 殷焕先 張滌華 舒　蕪 蔣元卿

主任委員　吴孟復

副主任委員　金隆德 施培毅 祖保泉 賈文昭

委　員　朱一清 朱世力 汪福潤 沙宗復 徐凌雲 殷呈祥 孫文光 梁垣祥
　　　　傅玉璋 劉學鍇

*以下按姓氏筆畫排列

安徽古籍叢書編印緣起

偉大祖國，歷史悠久，典籍豐富。我省地處南北之交，學術尤擅其盛。數千年來，哲學、史學、文學、藝術、語言、科技，作者輩出，著述如林，或自名一家，或蔚然成派，多爲中華民族文化之菁華，有裨於社會主義文化之建設。允宜及時整理，以廣流傳。

粤自明清，以至近世，南北郡邑已有涇川叢書、龍眠叢書、貴池先哲遺書、南陵叢書諸刻。一九三一年，復有安徽叢書之編印，所收皆皖人著作，分期影印。出至第六期，以抗戰軍興而中止。盛業未竟，論者惜之。

今者，中央倡導整理古籍，我省領導對此尤爲關心。省古籍整理出版規劃委員會幾經商討，決定編印安徽古籍叢書。最其體例，約有數端：一、所收皆爲歷代皖人著作。地域，以現行省區爲准。時間，一般以成書於「五四」之前爲限。內容，以文、史、哲爲主。二、整理方式：包括輯、校、標點或註釋，尤注意於稿本、稀見本之搜輯與傳布。校勘，力求採用善本爲底本，校以他書，或加補輯、編次。標點，採用新式標點。註釋，務求精確，但不作煩瑣考證。整理中，盡量吸收國內外研究的新成果。三、先秦、兩漢著作及文字、訓詁之書，皆用繁體字；其餘則多用簡體字。版皆竪排，以期一律。四、凡熱心於本叢書編印及捐資助刊者，得於書內題名。

安徽古籍叢書編審委員會

一九八九年七月

目次

前言

卷一 台稿上

卷二 台稿中

卷三 台稿下

卷四　寺稿上

卷五 寺稿下

卷六　省稿一

卷七　省稿二

卷八　省稿三

卷九　省稿四

卷十　续稿

卷十一 补遗

附录

前言

一

马克思在写《资本论》时曾经关注过一位中国人——也是他在《资本论》中唯一提到的中国人，此人便是王茂荫㊀。

王茂荫（一七八九年—一八六五年）字椿年，号子怀，安徽歙县人，清道光十二年（一八三二年）进士，随授户部主事，后为员外郎。咸丰元年（一八五一年）升任陕西道监察御史，是年上《条议钞法折》，提出发行纸币的建议。他的具体纸币发行方案未被采纳，但发行纸币的这一主张为清政府所注意，并于次年受命与左都御史花沙纳会同户部拟议钞法。咸丰三年（一八五三年），清政府实施的纸币方案尽管是王茂荫所不同意的方案，但仍升任他为太常寺少卿，历太仆寺卿，旋擢户部右侍郎，兼管钱法堂事务，成为清政府主管财政货币的大臣之一。咸丰四年（一八五四年）王茂荫上《再议钞法折》、《再论加铸大钱折》等奏疏，对清政府所采取的发钞票、铸大钱等通货膨胀措施再次提出异议，为咸丰皇帝所不满，特别是前折，当即受到「传旨严行申饬」㊁，他本人因此被调任兵部侍郎，遂失去对财政货币问题决策的发言权。咸丰八年（一八五八年），王茂荫以病奏请开缺，至同治元年（一八六二年）复出，署理都察院左副都御史，后改授工部、吏部侍郎。同治三年（一八六四年），丁继母忧，归，次年卒于家。

王茂荫于时素有「直声清节」之誉。他或位在台、寺，或身居卿贰，均直言敢谏，先后凡上百余疏，多辑于《王侍郎奏议》刊行。在是书中，王茂荫殚思竭虑为清政府挽回颓局的心迹，振弊兴利的种种主张，俱记述历历。从这些奏疏中不难看出，王茂荫虽然维护的是业已腐朽的清王朝的封建统治，但他的思想和主张并不代表腐朽势力，他在当时还不失为一位比较清醒也比较开明的地主阶级思想家。特别是他的货币主张，在中国近代货币思想史以至经济思想史上，占有一席不可抹煞的地位。

二

清代咸丰一朝，实施了两项令人注目的货币措施，即发行钞币和铸大钱。王茂荫是咸丰时期发钞币的第一个倡导者，也是铸大钱的坚决反对者。

所谓行钞币，即发行纸币。我国是世界上使用纸币最早的国家。纸币是商品经济发展到一定程度的产物，是商品交换规模不断扩大的结果。只要产生纸币的客观经济条件仍然存在，从货币流通手段职能中产生的纸币，也就会继续存在。所以，从北宋的交子，南宋的会子、关子，金的交钞，到元明的宝钞，纸币虽有过中断，但大体延续不绝

不过，当统治阶级一旦发现发行纸币几乎不费一文就可以大量搜刮财富的时候，就不会放弃利

用这种货币制度的机会。他们每遇到严重的财政困难，就会求助这种「具有炼金术士的秘密」㊂的纸币，采取滥发纸币的手段，企图通过通货膨胀来转嫁财政困难，渡过危机。而滥发纸币，实际上是发行「一种最坏的强迫性公债」，反过来又成为「财政混乱的祸根」㊃。这就给人们留下这样一个印象：强制性纸币的发行，是和国运衰微相联系的。作为客观经济发展的产物的纸币，便和政治的心理的因素交织起来，造成了我国古代货币文化中的一种矛盾现象：一方面滥制滥发纸币，一方面却又战战兢兢地视之为不得已的措施。

清代咸丰以前，对待发行纸币，一直小心翼翼。仅于清初顺治八年（一六五一年），因频年战争，军用孔亟，发行过纸币，但发行量严格控制于岁十二万八千一百余贯，并且到顺治十八年即废止。后来，虽屡有人建议发行纸币，均未获准。嘉庆十九年（一八一四年），侍讲学士蔡之定奏请发行纸币，并受嘉庆皇帝的严厉申斥：「前代行用钞法，其弊百端，小民趋利若骛。楮币较之金钱，尤易作伪，必致讼狱繁兴，丽法者众，殊非利用便民之道。且国家经费量入为出，不致遽形匮乏，何得轻改旧章，利未兴而害已滋甚乎？」㊄嘉庆皇帝的话道出了清政府自顺治十八年后一百九十余年没有发行纸币的原因：固然与担心纸币发行会带来各种社会问题有关，但主要还是因为「国家经费」还未「遽形匮乏」到山穷水尽、不可收拾的地步。

乾嘉之世，清王朝虽然开始走下坡路，特别是嘉庆初镇压白莲教起义耗帑甚巨，道光年间大量白银外流，军需、河工、赈务等临时性支出的数字越来越庞大，财政已经日益困难，但乾、嘉、道三朝的例定岁入岁出，表面上还相去不远，「天朝大国」的形象勉强还在维持。这从下表可以看出（表中单位为万两）㊅：

年份	乾隆五十六年（一七九一）	嘉庆十七年（一八一二）	道光二十二年（一八四二）
岁入	四三五九	四〇一三	三七一四
岁出	三一七七	三五一〇	三一五〇

道光后期至咸丰年间，情形就有所不同了。鸦片战争后的巨额赔款，镇压太平军的庞大军费开支，战争省份赋税征收的锐减，滇铜北运阻隔造成铜斤短缺，加上黄河连年泛滥所耗费的工程费等等，使清王朝陷入严重的经济困境。王茂荫深深感到了清王朝所面临的困境，他说：「今日……理财亦正不容缓。粤西之军务未息，河工之待用尤殷。国家经费有常，岂能供额外之用？」（《条议钞法折》）发行纸币，便成为克服财政危机的一项措施而受到很多人的重视㊆，连咸丰皇帝本人也顾不得（实际上也不可能）掩饰国运衰微的形象而为纸币辩护：「用楮作币，历代通行。」于是，咸丰三年（一八五三年），官票宝钞开始发行。

王茂荫虽是咸丰朝第一个提议发行纸币者，但他不同意花沙纳等人提出的实行通货膨胀以挽救财政困难的纸币方案。但是，严重经济困难使清政府已顾不得多作考虑，还是选择了花沙纳的饮鸩止渴措施，发行官票宝钞。结果，引起货币急骤贬值，到咸丰十年（一八六〇年），不得不加以清理，中止使用。

其间，王茂荫曾一再上疏申述自己的货币主张，对当时的货币政策提出异议。他关于纸币发行和流通的主张，在《条议钞法折》、《条奏部议银票银号难行折》、《再议钞法折》等奏疏中作了较为集中的阐述。

王茂荫认为，发行纸币，必须了解历代纸币发行和流通中的弊端。他总结历来行钞之弊是：「一则禁用银而多设科条，未便民而先扰民；二则谋擅利而屡更法令，未信民而先疑民；三则有司喜出而恶入，适以示轻；四则百姓以旧而换新，不免多费；五则纸质太轻而易坏；六则真伪易淆而难识；七造钞太多，则壅滞而物力必贵；八造钞太细，则琐屑而诈伪滋繁；九则官吏出纳，民人疑畏而难亲；十则制作草率，工料偷减而不一。」发行纸币，必须「举此十弊去之」（《条议钞法折》）。为此，他拟定了以下述为基本内容的纸币方案：

（一）以库平足色的银两为计值单位，仅发行面值为十两、五十两两种纸币；

（二）发行量以一千万两为限，并分期分步骤稳妥实施；

（三）采取确保纸币信用与流通的措施，如：利用私人银号发行，保证兑换现银，在财政拨款中按比例搭放，同时可以缴纳捐项、地丁等捐赋，办解银粮，以周转回笼，由政府保证旧币的倒换等；

（四）严防伪造，包括采取法定币材、式样，记载勘察，使用者加盖图记等措施；

（五）在允许兑换的基础上，进一步提出提取纸币发行的准备金。他建议以钱三十万串作为发行百余万钱钞的现金准备，以各省钱粮关税的现银作为银票的现金准备，以保证纸币的兑现，挽救清政府滥发银票、钱钞已经造成的纸币贬值、流通滞塞的弊端。

王茂荫的发行纸币方案未被清政府采纳，他反对铸大钱的意见，也同样未受清政府的重视。清政府于发行银票宝钞的同时，采取的另一项货币措施便是铸大钱。大钱是就「制钱」而言。所谓制钱，是指明清时期按当朝定制由官铸的铜币。唐高祖武德四年（公元六二一年），铸「开元通宝」钱，每文重一钱，大小和重量均较适宜，这种「通宝」钱遂成为唐以后钱币的标准，后世的制钱即以其为参照。清初，制钱重量定为每文一钱，成色为红铜七成、白铅三成，与银的比价为一千文合银一两。咸丰以前，清代铜币在重量、大小、成色上实际并不统一，且呈每况愈下之势，但并不如咸丰时期那么混乱。咸丰三年（公元一八五三年），刑部尚书周祖培疏请铸大钱获准，开始滥铸大钱，便使清代的币制空前混乱起来。

在中国货币史上，币制最为混乱的，前有王莽时期，后有咸丰时期，后者尤甚于前。咸丰时期币制混乱，不仅表现为币材种类之多，如纸币和金、银、铜、铁、铅各种金属币同时流通；仅就铜铸币而言，也呈复杂纷纭状态。如：（一）铜币面值自一文至千文，有十五级之繁，打破了清代「大数用银、小数用钱」的金属货币分工格局。所以，王茂荫指出：「钱本以便零用，今一钱而当五百、当千，窃恐以易市物，难以分析，以易制钱，莫与兑换。」（《再论加铸大钱折》）（二）轻重颠倒、大小错杂，当五十竟大于当百，当百钱反重于当千。王茂荫对此深为忧虑：「当五十者，较向所见而忽大轻，当一百者，较向之五十而犹见轻，且当五百、当千，纷见错出，民情必深惶惑，市肆必形纷扰，而一切皆不敢信。」（《论行大钱折》）（三）其他还有成色很差，制作混乱，称呼不一，文字种类多，等等，其复杂程度都不是前代所可比的⑨，还未计及由于私铸所加剧的混乱。

王茂荫根据历代铸币发行和使用的经验指出：「考历代钱法，种类过繁，市肆必扰，折当过重，废罢尤速。」（同上）他认为，铸当十当五十的不足值大钱，已属万不得已，如再铸当百以上大钱，则「设更动之后，稍有阻格，一样不行，各样皆废，挽回无术，悔将何追？」（《再论加铸大钱折》）王茂荫对清政府实行铸大钱措施不断发出了警告。事实果然如此，咸丰时所铸当五百、当千大钱，在京师不及五个月就不能流通，到咸丰末年，大钱就被迫停铸。

三

王茂荫的货币主张虽然未被清政府所采纳，但他在中国近代货币思想史以至经济思想史上的地位并不因此而动摇。王茂荫的货币主张和货币思想，有如下方面是值得注意的：

一、「以实运虚」的纸币发行理论

「以实运虚」是王茂荫货币发行理论的支柱。王茂荫是货币金属主义者。他坚持了传统的「纸虚银实」观点。但是，他并没有象其他货币金属论者那样，把纸币和金属币互相对立起来，相反，认为二者可以相辅而行。这是他主张发行纸币的理论出发点。他由此出发，进而寻求纸币和金属币之间的关系。由于经验主义思维方法使他不能从二者关系中抽象出纸币是货币符号的结论，而只限于考察两种货币在流通中的数量关系。通过考察，他得出「以实运虚，虽虚可实」的结论，认为有数倍的金属货币保证纸币的发行，「使银钱处处扶钞而行」（《再议钞法折》），就可以保证纸币的流通。

王茂荫「以实运虚」的货币发行原则在当时很有实践意义。（一）从币制说，可以使纸币和金属货币相衔接。清代的金属货币基本上以银为主、以铜为辅，银铜兼行。但其主辅是仅就「大数用银、小数用钱」而言，并没有主币和辅币之别，没有形成银本位制。王茂荫在「以实运虚」思想指导下主张发行纸币，是「用钞以辅银，非舍银以从钞」（《条议钞法折》），实际上是以银两为基础可以兑现的代用货币，并有制钱同时流通，「以便零用」（《再论加铸大钱折》），这就和清代的金属币制完全相衔接，不致在货币制度上造成新的混乱。（二）他的纸币发行是和财政相联系的。他指出，「国家岁入岁出不过数千万两」，而发行的纸币，「极钞之数，以一千万两为限」，这样，就保证了「以数实（银）辅一虚（钞）」，「庶无壅滞之弊」（《条议钞法折》）。前表表明，清代乾、嘉、道三朝的财政支出定例约在三四千万两，而咸丰时期定例也约为四千万两[12]。发行一千万两银票，可以使白银按三比一或四比一的比例来支持纸币的流通。这是从清政府的具体财政状况出发把「以实运虚」的原则具体化，并确定了从宏观上控制纸币发行量的极限。在王茂荫的纸币方案中，可以说包含了企图建立与财政相挂靠的货币总量控制模型的思路，是解决当时财政困境的一种稳健措施，虽不能立竿见影，但也不致饮鸩止渴。（三）王茂荫的「以实运虚」思想在货币流通的控制上，汲取了我国古代纸币的「称提之法」并加以发展。在我国古代纸币的发行和流通中，因滥发而贬值，最后被迫废止，几乎是不可避免的结局。为解决这一问题，人们提出了「称提之法」。所谓「称提之法」，据黄宗羲的解释，包括下述内容：第一，纸币的发行必须有最高限额；第二，要有适当的现金准备；第三，必须分「界」，以便按期回收另换新钞㈡。这些原则，除必须分「界」外，在王茂荫的纸币发行方案中都有反映。王茂荫指出：「称提之法，则在经国大臣相时之轻重而收发操纵之。」（《条议钞法折》）而他的「以实运虚」的纸币发行原则，正是通过严格控制和适时调节纸币的发行量和流通量，同时疏通货币流通渠道，保证纸币能「收发流通」，上下不隘其途，从而防止纸币因膨胀阻滞而贬值，使纸币的使用「庶几可以经久」。这正是使「称提之法」进一步细密而行之有效。

二、纸币信用与商业信用的结合

王茂荫主张发行纸币，首要的原因是解决财政困难，但也与他看到纸币适应于商品交换的需要，有利于商品经济的发展有关。他说：「钞法之行之自上，原不强民，然利轻赍与行远，无成色与轻重，较之金银，于民为便。」（《条议钞法折》）但是，王茂荫所主张发行的这种「行之自上」的纸币，也是国家纸币，虽可以强制流通，而要人们真正接受它，不是没有困难的。因为人们还不懂得纸币只是货币符号，往往把它和金属货币等量齐观，要求它自身也具有和面值相当的价值。明崇祯时发行纸币，阁臣蒋德璟就提出过这样的问题：「民虽愚，谁肯以一金买一张纸？」㊂因此，保证纸币的信用，就成为纸币能够发行和流通的重要条件。王茂荫是注意到这一点的。他说：「钞法贵于行之以渐，持之以信。」（《再议钞法折》）为此，他提出了一系列的措施，如控制纸币的发行总量，和金属货币相辅而行并保证兑现，实行倒钞法，等等。其中，他主张依靠私商的力量，把纸币信用和商业信用联系起来，从经济思想史角度看，尤值得重视。

纸币由国家强制发行，稳定的货币政策也是纸币信用的保证。但是，面对凌驾于社会之上的专制的国家机关，又使人们对这种保证的根据发生疑虑。人们既担心「法行之后」，「另有更张」；也担心官吏牟利，「需索扣减」，所以「畏与官吏交」（均见《条议钞法折》）。王茂荫深知人们的这种心理，同时也懂得「现行银票钱钞，均属天下通行，而行远要以钞票为宜」。欲求行远，必赖通商」（《再议钞法折》），「虚实兼行，商民交转，庶几流通阐畅」（同上）。因此，他指出，在纸币流通过程中，「非有商人运于其间皆不行；非与商人以可运之方，能运之利，亦仍不行。」（同上）为此，他主张将发行的钞票交由「殷实之银号」具领，以银号为纸币发行的中介，「如此而兴畏之弊益除矣」。同时相应地给他们有方便营运的条件，保证他们的利益，如发放较库平而银户上缴只按市平，典铺出入均可搭钞，各项店铺可以钞易银，等等。王茂荫提出的这一系列措施，实质上是想以商业信用来增强纸币的信用，运用私商的力量保证纸币的流通。

王茂荫建议由私商银号作为纸币发行的中介，还基于他对当时货币实际周转过程的分析。他说：「查银钱周转，如环无端，而其人厥分三种：凡以银易钱者，官民也；以钱易银者，各项店铺也；而以银易钱，又以钱易银，则钱店实为枢纽焉。」（《再议钞法折》）「凡以三层关节为之疏通，使银钱处处扶钞而行，此各行互为周转之法」（同上）。他很清楚地看到，钱店可以成为纸币周转流通的枢纽，表明他对纸币依赖于商品经济及金融业的发展，已有深切的认识。

在王茂荫之前，就有人（如明初的叶子奇）提出过由民间富户主办纸币的主张。王茂荫主张以私商银号为纸币发行中介，固然想借以消除纸币使用和流通过程中的社会心理障碍，但同时是私商特别是私人金融业发展的结果。明代开始，资本主义因素的增长就推动了民间金融业的发展。到清代，各地的金融业更十分活跃。仅北京一地，道光十年（一八三〇年）前开设的钱铺便有三八九家；「山西钱贾，一家辄分十余铺，散布各省，会票出入，处处可通」㊂。咸丰三年二月，北京发生挤兑风潮（参见《请筹通商以安民业折》），仅十五日一天内，就有二百多家钱铺关闭㊃。当时金融业的发展规模，从上述情况中可见一斑。社会存在决定人们的思想。但可贵的是，王茂荫在自然经济依然重要之下，在重农抑商的传统思想弥漫之际，能够看到货币市场的力量，看到商品流通的力量，顺应了代表着未来经济发展的趋势。如果他仅是一个精于票据实务的知识分子，恐怕是难以如此的。他还特别指出，在从事经济活动方面，私商具有不同于国家的特点，从经济效益看，如欲「钱存而利有可余」，则「在商贾可行，在国家则不可行」（《请将钞法再行详议片》）。他对私商银号在发行纸币中作用的信赖，甚至超过了相信封建的国家政权力量。

三、对货币名目论的批判

和王茂荫对私商银号的信赖、对货币市场力量的认识相表里的，是他对货币名目论的批判。

在王茂荫之前的王鎏，曾著有《钱币刍言》于一八三一年刊印，一八三七年修改再版更名为《钞币刍言》，他嗣后又有《续刻》、《再续》等问世。王鎏所著书，作为我国货币史上少有的关于货币的专著，值得注意。他关于发行不兑现纸币的主张本身，也不能一概否定。但他在书中所阐述的货币名目主义的论调，如他认为：「凡以他物为币皆有尽，唯钞无尽，(国家)造百万即百万，造千万即千万，则操不涸之财源」㉓等，则不可取。但是这种货币名目主义的观点随着王鎏著作的广为流传，影响面十分宽。咸丰时不少人以为，国家可以任意确定货币的面值，并可以按照规定的面值实现购买力，混淆了货币的表面价值和实际价值的不同。

王茂荫指出：「论者又谓：国家定制，当百则百，当千则千，谁敢有违？是诚然也。然官能定钱之值，而不能限物之值。钱当千，民不敢以为百；物值百，民不难以为千。自来大钱之废，多由私钱繁兴，物价涌贵，斗米有至七千时，此又其明证也。」（《论行大钱折》）他明确指出，货币的面值不等于它的实际购买力。人们不能改变货币的法定面值，但是，货币的实际价值是在交换中实现的，「物值百，民不难以为千」，人们可以变动商品的价格，从而使货币的实际价值依然没有变化。王茂荫以物价作为一个应变量来讨论货币的面值和物价的关系。他还直接针对王瑬的上述观点（也是花沙纳的）指出：「钞无定数，则出之不穷，似为大利。不知出愈多，值愈贱。明际钞一贯至不值一钱，于是不得不思责民纳银以易钞，不得不思禁民用银以行钞，种种扰民，皆由此出。」（《条议钞法折》）王茂荫已经意识到，商品流通量和货币供应量之间有一定的比例关系。在商品流通量确定的条件下，货币供应量越大，其购买力则愈低，即「出愈多，值愈贱」，其结果是货币贬值，这是不以人们的意志为转移的。因此，政府可以任意规定铸币的面值或决定货币的供应量，但是，想由此而「操不涸之财源」，决不能办到。

王茂荫既主张发钞票又反对铸大钱，从货币金属论立场看，就有一个问题，即他所说的：「大钱虽虚，视钞票则较实，岂钞可行，而大钱转不行？」也就是说，大钱虽不足值，但比起纸币，还是有价值的，为什么钞币可行而大钱反不可行呢？王茂荫对此解释是：「钞法以实运虚，虽虚可实；大钱以虚作实，似实而虚。」（均见《论行大钱折》）这里表明，王茂荫没有把纸币和汇兑券区别开来，是用货币金属论来解决他的矛盾，只要有金属货币同时流通来支持纸币并保证兑现，纸币就可以做到「虽虚而实」。他分不清纸币和金属币在流通中所表现的不同规律，不了解「在价值符号的流通中，实际货币流通的一切规律都反着表现出来了，颠倒过来了。金因为有价值才流通，而纸票却因为流通才有价值」。㈥；更没有承认不兑现纸币单一流通的可能。这样，他对货币名目论的批判就不能不停留于经验的水平，面对无限制发行不兑现纸币的主张，他的批判就很难中其肯綮。因为他从「虚实兼行」出发并与财政挂靠而确定纸币发行量，实践上虽然有利但理论上并不是科学的。如果实行纸币本位制，王茂荫的立论就将失去依据。

四、民本主义——凝结在王茂荫货币理论和货币主张中的思想光晕

「先求无累于民，而后求有益于国，方可以议立法」（《条议钞法折》），王茂荫明确提出以「便民」、「利民」作为制定货币方案的前提。他认为，他的纸币方案，「虽似强民（「强民」指强制性发行，这是国家纸币的必然），而初非病民，似不至有大害」（《再议钞法折》）。「不取于民，亦不强民（这里的「强民」是指使人民被迫接受），犹弊之较轻者耳。倘舍此他图，盖未有不取诸民者。今日之民，恐不堪命。」（《请将钞法前奏再行详议片》）他极力反对用通货膨胀的办法，滥铸大钱滥发纸币，「专以虚责民，而以实归上」（《再议钞法折》），对人民搜刮盘剥，以满足最高统治者的需要。「民为邦本」（《条陈军务事宜折》）的民本主义思想，象主旋律一样贯穿于王茂荫的货币理论和货币主张之中。

民本主义作为一种政治思想，虽然并没超出封建主义的意识形态，但是，在我国长期的封建社会中，这一思想是和开明而有远见的政治家、思想家相联系的，成为一种进步的思想传统。王茂荫货币理论和货币主张中的进步方面，几乎都是与这一思想密切相关的。先求「利民」还是先求「利国」（实际上是靠残酷掠夺人民、转嫁财政危机），这是王茂荫和清政府在货币政策上的重大分歧。先求「利民」，主要还是为了缓和阶级矛盾，从根本上维护清王朝的封建统治。但是处于严重困境

中的清王朝已经顾不得从长远利益出发从容计议了，因而对王茂荫并不那么欣赏。但王茂荫始终坚持「民为邦本」，反对无限制地搜刮民财，动摇（事实上已经动摇）封建社会的根基，多次抗颜直谏，终于在咸丰四年（一八五四年）得罪了咸丰皇帝，被调出户部。马克思所说的：「清朝户部右侍郎王茂荫向天子上了一个奏折，主张暗将官票宝钞改为可兑现的钞票。在一八五四年四月的大臣审议报告中，他受到严厉申饬。他是否因此受到笞刑，不得而知。」㊼指的就是这件事。

四

王茂荫拟订纸币方案的背景，是清政府所面临的外患内忧。他在《条议钞法折》中说：「臣见往年议平银价，内外臣工，多为铸大钱之说，因私拟为钞法，以为两利取重、两害取轻计。」鸦片战争之前，白银已经大量外流，加上鸦片战争后的巨额赔款，「银荒」更趋严重，财政危机日益加剧，钱、银的正常比价也被打破。此时，腐朽的官僚们一筹莫展，则把造成财政困境的根源归咎于用银为货币，于是，铸大钱之议蜂起，其著者如梁章钜、许作屏、雷以鍼、汪本铨、廖鸿藻以及安徽巡抚王植等。王茂荫从历代铸大钱的教训中得出不可行的结论，为此而拟定钞法，但「虽拟之久而不敢上」。直到太平天国革命运动爆发，为筹措镇压太平军的军饷，渡过财政危机，出于「不得已之计」，才奏陈他的纸币发行方案。他在货币理论和货币主张上有许多正确及开明之处，但从政治背景上看，其维护清王朝腐朽统治的立场是十分清楚的。

他的这一立场，直接表现在对待农民革命的态度上。在这本《奏议》中，可以看到他为镇压太平天国革命运动和捻军起义所作的多方军事谋划以及他所提出的分化瓦解起义军的许多建议。在昏聩不堪的清廷中，他的建议也算得上是「深虑远识」（见吴棠序）了。他还是「以百口保」荐曾国藩的成员之一（见吴锡纯序），并力荐熟悉皖情的山东人周天爵赴皖主剿捻军。这都可以看到，他虽不满于清政府官吏的贪残，军队的腐败，但为维护清王朝的统治还是忠诚不二的。因为他毕竟是生活在这个营垒中，和清王朝同命运。他的家就在同治元年被焚毁于战乱㈥。只是和苟且偷安阿谀钻营之徒不同，王茂荫比较能睁着眼睛看世事，对农民起义军和清政府两方面的真实情况，反映较为客观。如他说：「闻贼（诬指太平军）之所至，专示假仁假义。其到汉口也，先使人安抚市肆，令如常买卖，毋得关闭；其买市物也，照常市价，无有短少。市人安之。而官兵一到，反多残害。」（《条陈军务事宜折》）在奏疏中作如此鲜明的比较，并直截了当地指出官兵远不如「贼」的人，在当时的大臣中确实不多见。

为了巩固清王朝的腐朽统治，他还寄希望于振兴人才。他认为，「治平之道在用人理财二端，而用人尤重」（《振兴人才以济实用折》），必须改革科举制度，「专取学识过人之卷」，「使天下之聪明材力咸务于有用之学」，并「广保举以求真才」（同上），以缓解治军、治漕、治盐、治河乏人之急。

在对待外来侵略上，王茂荫的态度也是明朗的。他在第二次鸦片战争初起时便指出：「夷情叵测」，必须「密筹而预备之」（《请密筹防备折》），特别不能为侵略者的「谈判」所迷惑。他说：「窃谓「讲」（即谈判）之一字，特夷人借以愚我而不为之备，岂可以之自误？我不为备，则明启戎心，而讲愈难；我诚有备，则隐戢贪谋，而讲亦易。试观彼之日日事讲而节节进攻，即知我之内宜自守，而外乃可讲也。」（《条陈夷警事宜折》）为此，他建议刊发魏源的《海国图志》一书，以供人们研究外情、讲求战守之法参考。他还主张与外来侵略势力进行金融斗争，在「江、浙两省加炉加卯，广铸制钱，暂济民急」，再「将钱法酌量变通（即通过制钱减重和降低成色），使夷人无收买之利，而民间有流通之资」，以「暂济目前之用」，然后「通筹熟计」，「求破夷之术」（《请酌量变通钱法折》）。王茂荫不可能拿出和西方金融投机势力进行斗争的有效方案，这是不待言的，但能提醒清廷注意及此，已是很难得了。

以上是以这部《奏议》为依据，对王茂荫的主要思想所作的简括的介绍。

王茂荫是属于已经过去的时代，即封建制度和自然经济占统治地位的时代。他的思想（包括货币思想），自然会打上时代的烙印。促使他的思想产生的直接动因，是维持、挽救已在倒塌的旧制度。但是，在他所作的维持、挽救工作中，新的社会关系的要求却在一定层面上不知不觉地被反映了出来。他的悲剧，他的可取之处，大概就这样地交织在一起。我们整理《王侍郎奏议》，为读者提供的也就是这样一个需要进一步剖析、研究的对象。

这次整理的《王侍郎奏议》系以光绪二十五年（一八九九）刊本为底本，参校以光绪十三年（一八八七）刊本。前本虽刊行较晚，但系据其家藏抄本刊印，故选为底本。两种刊本最大不同，在于光绪十三年本为十一卷，多出「补遗」一卷（奏议七篇），为光绪二十五年本所未收。现仍作「补遗」收入本书，编为第十一卷，其中六篇并据安徽省博物馆藏抄稿对校，特说明。其他十卷，两种刊本文字无大差异，间有讹误，据上下文意可辨正者，故径改，不出校记。为存原貌，原刊本部分奏折录有「上谕」，仍录附，并加「附」字识之，《十二朝东华录》诸书虽有「上谕」为原刊本未录者，也不据补。文中对农民起义军的诬称也仍其旧。《王侍郎奏议》两种刊本的编刊过程，于原序中可窥大略，因原序已汇附于后，兹不赘。

【注】

㈠见《马克思恩格斯全集》第二三卷第一四六—一四七页注八三。

㈡《清文宗实录》卷一二三。

㈢《马可·波罗游记》，福建科学技术出版社一九八一年版第一一六页。

㈣《列宁选集》第三卷第一五八页。

㈤《清仁宗实录》第二八六。

㈥参见《清史稿》卷一二五《食货志六》

㈦《清续文献通考》：咸丰三年「两载以来，军需河饷……筹划为艰，中外臣工志切国事者，无不竭力殚忱，各抒所见，而请行钞法者为多。」转引自彭信威《中国货币史》，上海人民出版社一九五八年版第五六四页注一二。

⑧同五，卷一〇六。

⑨参见彭信威著《中国货币史》第五二六—五二八页。

⑩见侯厚吉等主编《中国近代经济思想史稿》，黑龙江人民出版社一九八二年版第四〇五页。

⑪见胡寄窗著《中国经济思想史》（下），上海人民出版社一九八一年版第七二二页。

⑫《续文献通考》卷十《钱币考四》。

⑬见肖清著《中国古代货币史》，人民出版社一九八四年版第三一九、三二一页。

⑭见彭信威著《中国货币史》第六四〇页。

⑮《钱币刍言》，见赵靖等主编《中国近代经济思想资料选辑》上册，中华书局一九八二年版第二一〇页。

⑯《马克思恩格斯全集》第十三卷第一一一页。

⑰同①。

⑱见《曾国藩未刊往来函稿，王茂荫来函》，岳麓书社一九八六年七月第一版第二二〇页。

王侍郎奏议卷一

条议钞法折

奏为敬筹济用，以备采择，恭折具奏，仰祈圣鉴事：

臣维用人理财，二者固分本末，然当务为急。今日之需才急矣，而理财亦正不容缓。粤西之军务未息，河工之待用尤殷，国家经费有常，岂能供额外之用？于是，部臣又有开捐例之议。夫捐例之弊，人皆知之，岂部臣独不知之而为此议耶？不得已也。

臣观自汉以来，不得已而为经国之计者有二：一曰铸大钱，一曰行钞币。二者之利同，而其难已经久亦略相似。然臣尝考铸大钱如汉元鼎迄明，兴者数矣，曾不三五年即废。钞币之法，昉于唐之飞钱。宋初因之，置便钱务，可考者，至道末，商人便钱百七十余万贯，天禧末，增二十三万贯，计其流行已三四十年。交子之法，自天圣至大观，行之七八十年。会子之法，始自绍兴，行之终宋之世。有元一代，皆以钞行。明沿用之，至弘正间始废，盖亦行百有余年。是钞又不能久中之尚可久者也。臣见往年议平银价，内外臣工多为铸大钱之说，因私拟为钞法，以为两利取重、两害取轻计。钞之利不啻十倍于大钱，而其弊则亦不过造伪不行而止。国初造钞，岁十万余，行之

亦经十年之久。其行也，所以辅相夫不足。其止也，即以裁成夫有余。圣神妙用，百世可师，济用
权宜，似莫逾于此。顾臣虽拟之，久而不敢上者，诚恐奉行不善，转为法累，苟可无需，自不必
行。若为不得已之计，则刍荛之愚，似宜陈之，以备采择。用是不揣冒昧，敬将所拟钞法十条恭缮
进呈，伏乞皇上圣鉴：

一、推钞之弊。钞之利自不待言，行钞之不能无弊，亦人所尽晓。然知有弊而不能实知弊之所
在，知弊之所在而不能立法以破除之，则钞不行。间尝深思切究，即古来行钞之弊而详推之，盖有
十端：一则禁用银而多设科条，未便民而先扰民；二则谋擅利而屡更法令，未信民而先疑民；三则
有司喜出而恶入，适以示轻；四则百姓以旧而换新，不免多费；五则纸质太轻而易坏；六则真伪易
淆而难识；七造钞太多则壅滞，而物力必贵；八造钞太细则琐屑，而诈伪滋繁；九则官吏出纳，民
人疑畏而难亲；十则制作草率，工料偷减而不一。诚能举此十弊去之，先求无累于民，而后求有益
于国，方可以议立法。

一、拟钞之值。元以前未尝用银，故钞皆以钱贯计。今所贵在银而不在钱，则钞宜以银两计。
过重则不便于分，过轻则不便于整，请定为两种：以十两者为一种，五十两者为一种。十两以下，
则可以钱便之者也；十两以上至数十两，则皆可以十两者便之；百两以上至数千两，则皆可以五十
两者便之。其平色，则以库平足色为准。既以便上库，亦以便流通。盖即仿现行库饷银锭式，以免
琐碎参差之弊。

一、酌钞之数。钞无定数，则出之不穷，似为大利，不知出愈多，值愈贱。明际，钞一贯至不值一钱，于是不得不思责民纳银以易钞，不得不思禁民用银以行钞，种种扰民，皆由此出。宋绍定五年，两界会子多至三亿两千九百余万，此所以不行也。宋孝宗曰：「会子少则重，多则轻。」此钞法之扼要也。请仿国初之法，每岁先造钞十万两，计十两者五千张，五十两者一千张。试行一二年，计可流通，则每岁倍之；又得流通，则岁又倍之。极钞之数，以一千万两为限。盖国家岁出岁入，不过数千万两，以数实辅一虚，行之以渐，限之以制，用钞以辅银，而非舍银而从钞，庶无壅滞之弊。

一、精钞之制。自来钞多用纸，故有楮币之名，既易霉烂，尤易造伪。今拟仿古者用币之意，请由户部立一制钞局，先选织造处工人，以上等熟丝织如部照之式，分为两等，方尺有五寸者为一等，方尺有二寸者为一等。四周篆织花纹，中横嵌「大清通行宝钞」六字满文于额，直嵌「大清宝钞、天下通行」八字汉文于两旁，按每岁应制钞张数造办。以方尺五者为库平足色纹银五十两，尺二者为库平足色纹银十两。选能书吏，于钞中满汉合璧作双行书。每年拟定数字，每字一千号，编为一簿。钞之前，按簿上每张填某字某号，钞之后，书「某年月日，户部奏准，大清宝钞与银钱通行使用，伪造者斩，告捕者赏银若干两，仍给犯人财产，诬告者坐」，皆汉书。再请饬另铸大清宝印一颗，于中间满汉文银数上钤以印，前某字某号上钞与簿钤骑缝印。钞质必厚实如上等江绸。篆文必细致，满汉书必工楷一律，印文必完整，印油必鲜明。监造各官有草率不如式者，治以罪，禁民间不得私织如钞花样，有犯必惩。再请饬于制钞局，特派一二有心计之员，另处密室，每于钞上暗设标识数处，所设标识唯此一二人知之。仍立一标识簿，载明每年之钞标识几处、如何辨认，封藏以便后来检对。其识按年更换，以杜窥视。一切均不得假手书吏，以防泄漏。如此则造伪甚难，辨识甚易，伪造之弊，庶几可杜。且绸质较足经久，亦不致遽虞黯烂矣。

一、行钞之法。立法必自京师始。如部中每岁制钞十万，请先以一万颁五城御史，令传属内殷实之银号，当堂将钞酌为颁发，取具领状，由城移送银库。银号领钞，准与微利，每库平五十两者，止令缴市平五十两；库平十两者，止令缴市平十两。限于领钞后次月，随同库上收捐时将银缴库。银号领钞后，许加字号图记、花字于钞之背面，听各处行用，并准兑与捐生作捐项，与银各半上兑。余钞九万，酌分各直省、大都会及东南两河，交各督抚，饬省会州县发交钱粮银号。其银号领钞，亦如京城，准与微利，库平止缴市平，将银于次月缴纳各州县库。领钞之银号，亦准加字号图记于钞之背面，听各处行用，并许为办解钱粮，与银各半解司。其有无钱粮银号之州县，或交官盐店与典铺。凡京城之银号，自多捐生兑换。外省州县之银号，有专为办解钱粮者，盐店、典铺亦皆与官吏较亲。倘书吏再有需索之弊，许该捐生、银号等指名呈究。该管官即严行惩办，庶几民情无所疑畏矣。

一、筹钞之通。京城发银号之钞，许捐生作兑项，则钞仍归于部库。库上每月应放款项，除零星散数不可给钞外，如数十百两以上者，部库均可酌量以钞搭放。凡领钞者，如兵饷马乾不便分析，即可向银号兑银散给。钞上有银号图记，如他银号未晓，即向原加图记银号兑换，自属甚便。该银号收钞仍可兑与捐生之用。外省发银号之钞，许其解充地丁，则钞仍归于藩库。该省每年应拨放款项，该藩司酌量以银与钞各半发给。领钞者均令就各州县钱粮银号兑换。该银号得钞，仍可为办解钱粮之用。在各该银号以银易钞，既听各处行用，且可为捐生上兑捐项，办解钱粮，并无苦累。如或故意勒掯，不肯兑换，扣减不肯如数，许民人指控，治之以罪。凡民畏与官吏交，而不畏与银号交。如此而疑畏之弊益除矣。

一、广钞之利。钞法行之自上，原不强民。然利轻赍与行远，无成色与重轻，较之金银，于民为便。内而顺天府、五城，外而督抚州县，令出示晓谕，使民咸知此意，听民人等向银号兑换行用，并听为随处上纳钱粮、兑换银钱之用。再请饬，发钞专在省会州县；而收钞，则凡天下州县，必令于城内立一收钞银号，无论本地异乡民人，有持钞至者，或作交钱粮，或兑换银钱，均即如数兑交。各州县收钞后，均可为办解钱粮之用。如行钞数年，而州县有并无钞解充地丁者，是该州县办理不善，使钞不得通于该处。该督抚查明，即行参处。京外各行钞银号，均饬于招牌上加「钞」字。有持钞至者，均即兑换，毋许抑勒。各州县解藩库者，均令于钞正面之旁注明某年月日、某州县恭解。至民间辗转流通，均许背面记明年月、收自何人，或加图记花字。遇有伪钞，不罪用钞之人，唯究钞所由来，遂层追溯，得造伪之人而止。如此，而民无用钞之苦矣。

一、换钞之法。部库令一人专司钞之出入。每收钞时，必详审钞之正反面，不必待其昏烂。但钞之背面图记花字注写略已将满者，即付送制钞局。各省收钞遇有似此者，即作解项解部，部库亦付送制钞局，使民间无换钞需索之虑。各省解部者，亦令于钞正面之旁注某年月日、某省解。制钞局于原制钞簿上对明年月字号，注明某年月日销，将钞截角，另贮一库。遇有伪钞，便可对明。如系已销之号，尚有未销之钞，则取当年制钞标识簿核对，前后两钞，何者真伪，立可辨认。按伪钞背面各图记追究由来，则伪造无不破矣。

一、严钞之防。制钞行钞各法，非不力思防弊，然恐法久而弊仍生。再请法行之后，不得另有更张，致民观听惶惑以坏法；造钞之制，不得渐减工料，致失本来制度以坏法；民人有伪造者，即照钞文治罪，不得轻纵以坏法。如是而坏法之弊庶几可杜。宋臣韩祥有言：「坏楮币者，止缘变更。救楮币者，莫如收减。增添料质，宽假工程，务极精致，使人不能为伪者，上也。禁捕之法，厚为之劝，厉为之防，使人不能为伪者，次也。」是言得钞法之精意矣。

一、行钞之人。自来法立弊生，非生于法，实生于人。顾生弊之人，商民为轻，官吏为重。商民之弊，官吏可以治之；官吏之弊，商民不得而违之也。今于商民交易，虽力为设法不经官吏之手，然官吏果欲牟利，从而需索、扣减，亦复何难？商民兑换，一有扣减即不敢用，将使虚名徒悬，而利不通于上下。论者因以为钞不可行，似非钞之不可行也。保甲、社仓，良法具在，苟非良吏，亦终不行，是岂法之过与？州县得人，则商民奉法；督抚得人，则官吏奉法。是在圣朝洞鉴之中，又不独钞为然矣。唯是明臣邱濬谓：「钞不可行，以用之者无权也。」故行钞尤贵称提有法，称提之法，则在经国大臣相时之轻重而收发操纵之，庶几可以经久。

以上所拟十条，第就管见所及，举其大纲，请旨饬部院大臣详悉妥议。如可施行，再令部臣详定节目。臣为急筹济用起见，是否有当，伏乞圣鉴训示。谨奏。

【附】

朱批：大学士会同户部议奏。钦此。

振兴人才以济实用折

奏为敬筹振兴人才，以济实用，恭折具奏，仰祈圣鉴事：

臣维治平之道，在用人理财二端，而用人尤重。用非其人，财不可得理也。顾用人必贵得人，而得人尤必先颛作人。作人者何？举天下聪明材力而鼓舞振兴之，俾务为有用之学，以济用也。聪明材力，世所不乏，务于有用，则用得其力；务于无用，则用不得其力。我国家雅化作人，二百余年，教养之方、选举之法至详备矣。乃立法本善，奉行久而浸以失真；积习相沿，揣摩工而遂以成俗。臣窃见今日之聪明材力，悉专致于摹墨卷、作小楷，而深惜其无用也。自来非常之才，有不必从学出者，然从学出者千百，不从出学者一二。即后汉臣诸葛亮，亦有「学须静」、「才须学」之言。今一专功于墨卷，则群书遂束之而不观；专功于作字，则读书直至于无暇。二者之废学，以作字为尤甚。而士子之致力，则于作字为尤专。合天下之聪明材力，尽日而握管濡毫，尚安得济实用？

臣闻上年皇上特诏广言路之时，内外大臣亦深以士习空疏为无用，于教育人才、挽回风气，迭有奏请。顾其教育挽回之术，言者多责之教官，议者亦遂责之教官。夫士子方见墨卷、小楷为梯荣之捷径，虽教官日督以实学，亦复何益？所谓所令反其所好，民不从也。诚欲使庠序之士咸务实学，必先使选举之士皆属真才。是在我皇上于各途考试之中，严行核实，于各途考试之外，更切旁招，使有才者不终淹，而无才者无所幸。

然而，承平日久，人皆狃于故常，习于便安，以纷更为多事，以远虑为迂图。从而议者必谓国家取士之制，自来不易，名臣循吏，咸出其中，曾无乏才之虑，岂至今日而犹待他求？但将定例申明，自可无庸更议。于安常处顺之时，为老诚持重之见，此亦岂不诚然？然而，臣见今日之天下，似未可作晏然无事观也。外则英夷之祸心包藏，而未知发于何日也；内则粤省之贼势滋蔓，而遂以至于今日也。山野则有匪，河海则有盗，隐匿讳饰所不能尽者，月或数闻焉。治盐，而盐之利未可必兴；治漕，而漕之费未能尽革；治河，而河决又见告矣。此犹得谓无乏才之虑乎？

臣尝见夷务亟时，成皇帝诏访才能出众、深通韬略之人，而下无以应矣。夫急而求之，缓而置之，此孟子所谓「苟为不畜，终身不得」也。臣又尝见，内外臣工每遇盘错，辄曰无法。夫国家所以重赖臣工而宠异之者，为其有法耳。若皆以为无法，即何不思访求有法之人而用之？为天下得人难。诚欲访求有法之人畜以待用，似非设法以振兴之，使天下之聪明材力咸务于有用之学不可。聪明材力误用可惜，真实经济骤期为难，自今而振兴之，犹虑其缓，似不宜仍守相沿之积习，而为整顿之空言。

百年之计，莫如树人。臣自恨浅陋，无策以助国家作人之化，谨就管见所及，不揣冒昧，敬拟五条，为我皇上陈之。

一、请乡会试务期核实，以拔真才也。定例：乡会试，头场制义、试贴外，二、三场试以经文、策问。原欲于明理之中，更求淹贯经术、通达治体之才。无如近时考官专取头场首艺二三篇，但能通顺，二三场苟可敷衍，均得取中。以故，近来各省刊刻闱墨，首艺尚有二三十篇，次三艺已属寥寥，至经策，多不刊刻，是考官明示士子，以为无足轻重也。磨勘官于头场文艺间有签议，而二三场则绝少，是磨勘大臣又明示考官，以为无足轻重也。夫不重经策，何以辨学之虚实？请饬谕考官，自下届乡会试起，务以经、策并重。非经、策能出色者，不得拔登魁选。入魁选者即刊刻，以为多士程式。并将此意令各直省学政、教官即行宣示，俾士子早知向学。

又定例：策题以三百字为率，而对策每篇满三百字即可中式。空疏者往往就题敷衍，便可完卷。请嗣后策题，改以百余字为率，用杜敷衍之弊。

抑臣更有请者：闻道光二十二年，两广总督祁𡊮奏「变通考选、遴拔真才」折内，于策问五道，请定五门发题，曰博通史鉴；曰精熟韬钤；曰制器通算，曰洞知阴阳占候，曰熟谙舆地情形。以士子兼通为难，专门较易，照从前本经之例，于册内分别填注。议虽未行，论者多谓切中时务，实足拔取真才。请饬令部臣检录原奏进呈，恭候圣裁。

一、请殿试朝考务重文义，以式多士也。御史戴絅孙、候补京堂张锡庚奏：殿试不宜专尚楷字，并请删去颂联。奉旨交礼部议奏。嗣部臣于楷字一节，似未议及；颂联一节，亦第将旧例申明，令贡士敬谨遵照，谓浮华既黜，而实学不致沦遗。夫士子趋向，视乎去取。黜浮华、拔实学，自由读卷大臣。伏读乾隆二十五年上谕：「廷试士子，为抡才大典。向来读卷诸臣，率多偏重书法，而于策文，则唯取其中无疵颣不碍充选而已，殊非敷奏以言，特为拜献先资。而就文与字较，则对策自重于书法。衡文尚待观人，而阅卷时竟先抑文重字，可乎？等因，钦此。」圣训煌煌，亦既深切著明矣。乃近来殿试朝考之后，考列前十卷与一等者，但传其字体之工，曾不闻以学识传者；考列在后之卷，又但闻某书极劣，某笔有误，曾不闻以文艺黜者。此士子所以专务作字也。作字必无间断而始工，读书遂以荒芜而不顾。士习空疏，实由于此。请嗣后令读卷、阅卷大臣，勿论字体工拙，笔画偶疏，专取学识过人之卷进呈。钦定以后，即将前十卷与一等卷所以过人之处，批明刊发，使天下晓然于朝廷所重在文不在字，庶士子咸知所向。

至考试试差，以重司衡之选。使非学业素裕，安能衡鉴不迷？乃臣闻，考差者专于诗字求工，而文艺似可不讲。考官如此，士子可知；制义且然，策问更可想。应请令阅卷大臣一并以文义为重，庶几能拔真才。

一、请遴选岁贡，以勖人才也。定例：各学岁贡，以食饩年久者挨补，每次一正二陪，严加考选。正贡不堪，准取陪贡及次陪。于挨序之中，仍寓遴才之意。务取明通淹贯之士，将原卷解部磨勘，有文理荒谬者斥革。法至善也。今则但以正贡充补，而所谓取陪贡及磨勘，皆具文矣。

查各学岁贡之外，有十二年一考之拔贡，有三年一举之优贡，士之得此者，较乡试颇难侥幸。盖乡试仅凭一日之长短，而优拔必较历考之等第。士能历考皆列前茅，则其学有素矣。请嗣后令各学政于该学当贡之年，就各廪生中较其历考等第，以考列优等最多者充贡。查廪生由食饩至出贡，约须历岁，科试十余次、二十余次不等。应将历过五次以上者比较，未历五次者不与。庶幸进无由，而廪生食饩以后益知奋勉。贡成均者，皆得及时造就。即将来选授教职，亦不致有荒疏衰老之员。

一、请广保举，以求真才也。上年曾奉特旨，命内外大臣各行保举矣。然所保者，皆已登仕版之员，而草野未及。夫已登仕版，则才具终有表见之时。若伏处在野，或不工制艺，或力难应举，则虽有怀奇负异之士，恐终淹没。拟请令各省州县并教官留心察访，或博古通今，才识非常；或专门名家，精通一艺；或膂力过人，胆勇足备者，访验的实，无论士民，准于学政按临时，备文将该生所长申送考试。学政就所长考试得实，文则奏明送国子监，武则奏明送督抚标，均许官给盘费廪饩。国子监与督抚标考试一年，果有过人之能，奏明送部引见，随材酌用，不称者发回原籍。州县教官与民最亲，访察试验既易真确，学政考试犹在一时，国子监与督抚标则期以一年，才之真伪，断难朦混。抑臣更有请者，进贤受上赏，所进果有才能，应视其才能之大小，酌予议叙，以示奖劝。倘所进漫无一长，则必加以议处，以杜干请之弊。

夫才不世出，原不敢谓在在之有其人。然臣闻英夷初至浙江，野人有获其大船者，有获其头目者，现在广西团练、士民，亦有能出力者，则不得谓在野之竟无才也。天下之大，安得无才？亦在地方有司之留心访察耳。

一、请造就宗室、八旗人才，以济实用也。从来立法，必先贵近。贵近者，四方之所观法也。我朝以神武开基，其时，宗室、八旗将相林立，文能安邦，武能定国，战无不胜，攻无不取，用能威震四夷，勋垂万世，曾不屑以笔墨矜能。乃近日宗室、八旗之人，往往沾染时习，或以吟咏夸风雅，或以书画竞品题。此风沾染日深，诚恐筋力解弛，日趋于弱，一旦有事，其何以副国家之任？伏读嘉庆二十一年上谕：「本日特召见诸皇子、军机大臣等，明白宣谕：我八旗满洲，首以清语、骑射为本务。其次诵读经书，以为明理治事之用。若文艺，即非所重，不学亦可。是以皇子在内廷读书，从不令学制义，恐类于文士之所为。凡以端本务实，示所趋向。等因，钦此。」仰见圣虑周详，至深且远。臣见宗室八旗类多过人之资禀，诚能务乎其大，讲求兵机将略，以为腹心干城。即科第文章，曾不足贵，何论雕虫小技！应如何造就而振起之，非臣所敢妄拟。惟赖我皇上圣神妙用，俾以有裨实用为贵，徒尚虚华为耻。将见人才蔚起，追美于国初之时，而四方闻风，亦必争自濯磨，求为有用之学矣。

以上所拟五条，臣为振兴人才、以济实用起见，是否有当，伏乞皇上圣鉴。谨奏。

【附】

上谕：御史王茂荫奏请振兴人才，酌拟五条呈览。其请造宗室、八旗人才，历陈近来积习，自系实在情形。我朝人才蔚起，宗室、八旗文武谋略，超越前代，良由习尚淳朴，不尚浮华，以清语、骑射为本务。登进之途，原不必尽由科甲。盖学为有用之学，斯才皆有用之才。近来文风日盛，留心经济者固不乏人，第恐沾染时习，以文章风雅自诩，不思讲求本务，殊非祟实黜华之道。迭经朕申谕谆谆，我宗室、八旗、大小臣工，谅必咸谕朕意。嗣后益当奋勉砥砺，求为有用之学，以备国家腹心干城之选。该管王大臣等，尤当因材造就，俾文事武备各尽其长，毋负朕培养教诲之至意。余著礼部议奏。钦此。

请饬选募丰北灾民成军以备征调折

奏为敬陈管见，恭折奏祈圣鉴事：

臣窃思军务未息，河工未停，二者最为目前紧要。惟征客兵至数千百里，无论其力不足恃，而所损已多。聚灾民至数十万人，无论其情甚可哀，而势尤堪虑。现闻八旗挑选健锐、火器两营劲旅，未见谕旨，不知将作何用，而道路传言，以为将派员带赴广西剿贼。若果如此，恐非胜算。盖健锐、火器两营，原以守备神京。一旦调赴剿贼，安家、制装、行粮、折干等项，各有所费。而沿途供给，水陆舟车，纵极约束谨严，究难免于骚扰。跋涉数千里，疲惫已甚，加以天时之溽暑不同，道路之险峻亦异，水土不服，烟瘴相侵，一人病患，千人危惧，欲其奋勇杀贼，难矣。所以嘉庆初年，剿办川楚教匪于南山之中，勒保奏云：「健锐、火器两营京兵，不习劳苦，不受约束，征剿多不得力，距达州七十里，行二日方至。与其久留糜饷，转为绿营轻视。请全撤回京，无庸续调。」当日勒保亲在行间，目睹情形，所奏如此。今日之京营如故，而八旗子弟较前尤为脆弱。广西更远于川楚，道路更险于南山，调遣以往，诚恐非徒无益。臣愚以为，莫若化心腹之隐忧，为干城之上选。

现今丰北停工灾民数十万，无所得食。丰、沛、铜、砀一带，为自古豪杰挺生之地，人民强健，倘尚竞争。当此众口嗷嗷、群情汹汹之际，设有好事生衅者从中煽惑，始以掳掠求生，继以抗拒救死，公然犯法以逞，虽未成谋，实能始祸。加以毗连之凤阳、颍州诸郡，匪徒甚多且横，尤恐闻风响应，非细故也。伏读雍正九年世宗宪皇帝谕旨：「各省中膂力超群、艺勇出众之辈，若听其弃置无用之地，深为可惜。令各督抚等召募拣选，咨送兵部，拣派官员训练教习，以备军旅之用。等因，钦此。」此在无事之时，方欲以为收拾人心之助。又，乾隆年间，福建布政司德舒奏云：「人情少有技能，必不甘于沦没。果膂力技勇可观，心思材智出众，顾令郁郁闲居，精神意气一无所事，势必纷纭不靖。」亦为无事言之，已不可不早为安置。若素具桀骜不驯之气，适值流离失所之时，迫以穷饿必死之势，恃其猖獗无赖之众，当此之时，散之不能，按之即变，诚有不可胜虑者。现值钦差大臣往江南查办事件，拟请即饬令就便以调遣军营之粮饷，召募其壮健，收拾其智能。灾民虽数十万，除老弱妇女以及愚蠢无用之徒外，智能者不过数十，壮健者不过数千，编为一军，用以剿贼，国家多一有用之士，即灾区少一生事之人。强而多智者既奋勇于功名之路，愚而无知者自安于穷困之余。消患未萌，转移甚便。不但京营劲旅可免跋涉之劳，而此一支生力军幸出死地而入生途，尤可冀其感奋图报，建立奇功也。

臣愚昧之见，是否有当，伏乞皇上圣鉴训示。谨奏。

请饬周天爵先行召募片

再，臣闻上年周天爵放钦差时，凤阳、颍州一带匪徒闻之，以为将至安徽，敛迹不出者数月，是周天爵颇为强悍之徒所畏服。今钦差大臣由山东而江南，到彼尚需时日，恐成后著。拟请旨饬周天爵就近在徐州或凤阳借款，先行召募，以安人心，俟钦差大臣到时，再行会同酌办。臣管见所及，谨奏。

条陈时务折

奏为敬陈管见，恭折奏祈圣鉴事：

伏见皇上临御二年，求言之诏再下，又于徐继畬之奏，奉旨：「嗣后有言责者诸臣，唯当竭诚匡弼，朕亦虚怀纳受。上以实求，下以实应，庶几宏济艰难，俾治理蒸蒸日上也。等因，钦此。」

臣职任言官，责在竭诚。而夙夜兢兢，惧蹈空言塞责、激直沽名之弊。又诸臣所言，大端略备，偶有所见，已属余绪。因敬拟为绪言四条，不揣冒昧，敬为我皇上陈之：

一、请密饬内大臣传谕，以息浮言也。皇上御极以来，励精图治，夙夜不遑，凡在臣工，所共闻见。乃市井细民，时或私有论议。前奉谕旨，宣示中外，并有止谤莫如自修之言。圣上处深宫中，暗修慎独之本衷，宜无不晓然于天下矣。乃迄今数月，浮言似未尽息。夫如采办梨园喜好音律之事，梨园之来，必非一人，所过之地，尤非一处，岂能掩人耳目？今并影响全无，在稍有知识者，亦断断不信有此矣，而愚顽犹未尽解。伏读乾隆三年高宗纯皇帝上谕大学士鄂尔泰等：「朕自幼读书，深知清心寡欲之义。上年释服以后，虽身居圆明园，偶事游观，以节劳勚，而兢兢业业，总揽万几，朝乾夕惕，唯恐庶政之或旷，此心未曾一刻放逸。每见廷臣动色相儆，至不迩声色之戒，尤未尝一日去诸怀也。近闻南方织造、盐政等官内，有指称内廷需用优童秀女，广行购觅者，并闻有勒取强买等事，深可骇异。诸臣受朕深恩，不能承宣德意，使令名传播于外，而乃以朕所必不肯为之事，使外间以为出自朕意，讹言繁兴。诸臣所以报朕者，顾如是乎？是必有假托内廷之名以惑群人之听闻者。尔等可密传朕旨晓谕之，果有其事，可速行悛改。如将来再有浮言，朕必究问其致此之由也。等因，钦此。」想见当日之讹言，殆与今类。因思今日之浮言，恐亦有假托内廷之名者。臣愚伏愿皇上法祖省躬，益儆不迩声色之戒，并饬内大臣密行传谕，毋或妄有呈进，致如乾隆间所称「假托内廷之名」以惑听闻，斯浮言日以息矣。

一、请于军机大臣，责以重大而宽其琐细也。臣闻，坐而论道，谓之三公；作而行之，谓之士大夫。昔陈平为汉相，兵刑不知，钱谷不对。文帝问以所任何职，则曰：「宰相者，上佐天子理阴阳、顺四时，外镇抚四夷，使卿大夫各得任其职。」又闻唐太宗之责房、杜曰：「公为宰相，当须开耳目，求访贤哲。有武艺谋略、才堪抚众者，任以边事；有经明德修、立性明悟者，任以侍臣；有明于清憝、处事公平者，任以剧务；有学通古今、识达政术者，任以治人。此乃宰相之裨益也。比闻听受词讼，日不暇给，安能助朕求贤哉？」由此思之，宰相之责固自有其重且大者矣。顾昔之重且大者，责在宰相，而今则在军机大臣。国家特设此任，原以赞襄密勿，参画机宜，以辅皇上之用人行政。方今粤匪未平，河决未合，吏治不振，盗风不戢，人才不兴，庶务不治，凡屡经谕旨，再三申儆而未见兴起者，要皆有所由然。此皇上所宜以探本穷源，起靡振惰，责之军机大臣，而亦大臣所宜引为己责者。然而，陈平唯不知钱谷，故能出奇计；房、杜以日不暇给，即难助求贤。今军机大臣皆管部务，且有兼两部者。一部之务，日恒近百件，若户、刑两部事务，则日恒数百件。不阅而画，则心难安；阅而后画，则势难遍。人唯神志定静，极深研几。唯深，故能通天下之志；唯几，故能成天下之务。周公之圣，一事未合，犹竭日夜之思。仓猝以迫之，繁琐以扰之，欲其无遗虑，难矣！臣见诸臣章奏及外间议论，或以天下多故归咎军机大臣，而不知处其任者，实亦匪易。伏思部中之稿，有须司员面请酌定而后办者，则紧要事也；有先办而后手画者，则虽关支放而实照例者也；有办而归堂期者，则照例常行事也。紧要之事，日不过数件或十数件，余则皆例行之事。臣愚以为，凡军机大臣之管部务，唯事关紧要须酌定者，司员必面回呈画。其余照例手画并堂期稿件，有在署各堂画定可否，无庸阅画于部中。琐细之事少一分纷扰，即于枢密重大之务增一分心力。即退直有余闲，或思枢务何者尚有未安，何者尚有遗漏，如古人之书思对命，以备进奏；或接见官属，采访舆论，体察人才，访求吏治，以备皇上采用，似亦翊赞谟猷之一助。宽其琐细，正可责以重大。是否于枢务有益，伏乞圣裁。

一、请责臣工以令之行也。臣闻，君主出令，臣职奉令。《书》曰：「令出唯行。」《传》曰：「令重则君尊。」故凡人君发号施令，唯当慎持于未出之先，不宜轻格于既出之后。皇上于臣工章奏，凡有裨国计民生者，无不立见施行。然而皇上之诰诫虽极谆详，部议之科条虽极严密，在圣意之已见施行者，在天下似尚未见施行也。伏查道光三十年诏求直言之后，升任御史王本梧首奏浙省水师废弛，奉旨遥饬沿海督抚，而上年之洋盗肆扰，即在浙省。升任御史黄兆麟条奏营务弊端，奉旨严谕各督抚、提镇，而营汛之不力，盗匪之纷出，具见各省。诸如此类，难以悉举。而更有至近而易见者，如上年通政司使罗惇衍奏崇俭禁奢一折，皇上谕旨亦至肫切矣，礼部颁行规条已经数月矣，问京城奢靡之风，亦少易乎？在礼部以为奉旨颁行规条，但将规条一颁，告示一出，即无余事。在各衙门，不过添一层案牍，多一番转行，于风俗安有整顿？此近在目前者尚如此，况其远且大者乎？臣以为，凡此皆由臣工奉行之不力，于奉旨之初，未尝思能行之法，于不行之后，不更求可行之方。何则？立法必贵能行，有严而不行者，如禁烟之不准讦告而必定斩绞是也；有宽而不行者，如禁奢之但有规条而并无稽察是也。此所谓未尝思能行之法也。至于不行之后，果欲其行，岂遂无术？而今则皆听之矣，谁复思可行之方乎？臣非为一事惜也，臣实惧夫诏令之行，上下轻玩，一事如此，事事皆然，朝廷力求整顿，而臣庶若罔闻知也。夫致治纲维，端由诏令。令有不行，则天下不可得而治。且不行于远，犹可言也；不行于近，不可言也。伏愿皇上首即一令，始自京师，期以必行。饬令该管衙门，议法必期于能行，既行必期于能效。如奏行不效，必责令推求所以不效之故，另行筹议。如不效而饰奏有效，一有败露，即严加惩治。自近以及远，自易以及难，一方行，然后四方可渐行，一事举，然后百事可渐举。而其要必端本于宸衷之果断，而以信赏必罚济之。有不令，令则必行而后已。有不禁，禁则必止而后已。日求所以振因循，斯因循罔不振。日求所以破欺饰，斯欺饰罔不破。如是而一令之出，臣工莫敢怠忽，黎庶莫敢轻玩，而整顿庶几有基矣。

一、请严禁州县假劝捐以肥己也。上年户部奏请准商民出资助饷，此诚国家保卫民生不得已之计。部臣亦深虑州县抑勒，吏胥需索，行文各省，如有此项情弊，即行据实严参。乃臣闻，山西州县，有借劝捐为肥己者。如富民愿捐五百，必勒令捐一千。迨至遵捐一千，则又止令书五百。其余五百但令缴纳，不令登写，明为公捐，暗饱私橐。省城大吏间有风闻，从加诘问，谓「某某闻捐若干，何以止此？应令缴足。」在大吏，意在责其入私者之归公，而不欲明言。而州县则更借上宪之责己者以勒民，而复令倍出。富民深惧抗违，转益滋累，委曲隐忍。蠹国病民，莫此为甚。其余或因缴捐项，勒出津贴；或得受赃，私免其抑勒。甚至抑勒已甚，民有至县堂自尽、赖救而免者，种种情形不一。缘民多畏累，既不敢轻露地方人名；而事属营私，又无从得其实在证据，是以未便指参。而既有此风闻，即难保无其事。且山西如此，他省恐亦不免。如上月江苏铜山县文童周凤楼，京控官用印贴派捐经费、私押毙命一案，在道光三十年。彼时并未劝捐，尚有假公勒捐致毙人命之事。现在奉有劝捐部文，官役更不知如何逼勒。

又，上月奉上谕，饬各省劝捐义仓。在皇上，以义仓之设，最为便民善政。不惮申谕再三，且令体察地方情形，妥为筹画，原非强以一律办理。而各督抚或意存讨好，则势在必行。各州县或意存营私，则民益滋累。伏念劝捐兵饷，现尚未集，若复劝捐仓谷，恐民力未逮。且东南各省，连年因灾劝捐劝赈，已甚拮据，尤恐办理匪易。富民为地方元气，事多依办，若不养其余力，则富亦立穷。昔唐、虞授受，不过数语，而于「四海困穷」，致兢兢焉。伏乞皇上严饬各督抚，于劝捐兵饷，务宜时加访察，倘州县有抑勒贪婪情事，即行严参治罪。于劝捐义仓，务令体察情形，如难同时并举，即行奏明缓办，以副皇上子惠元元至意。

以上四条，臣管见所及，是否有当，伏乞圣鉴训示。谨奏。

王侍郎奏议卷二

秋审拟缓人犯情罪未协折

奏为秋审册内，拟缓人犯情罪较重，请敕九卿详议，期无枉纵，恭折奏祈圣鉴事：

伏唯近来问刑衙门多溺于救生不救死之说，往往装点情节，避重就轻，叠经皇上训诫谆谆，而积习总难骤改。上年，陕西巡抚题凶犯拜双汶等共殴无服族叔拜景汶身死、将该犯依律拟以绞候一案，刑部会题臣道，臣即以案之情节似多可疑，恐该县原详尚有不实不尽，移商刑部奏驳。嗣据刑部移复，以为不必。臣由户部司员出身，刑名素所未习。当画题时，意此等凶犯，将来秋审，定入情实，亦足以稍儆凶暴。今查刑部送到秋审册内，该犯仅拟缓决。复思狱贵得情，各省具题之案，难免装点，其情原不可得。然不能亲讯可以得其情，要可因案以察其情。情有轻重，罪即缘以轻重。

伏查此案，凶犯胞弟拜双滦，以还价未买之马，不准拜照临买，拜照临即畏事退还。是该犯平素凶横之势，已可想见。已死拜景汶因闻胞弟拜照临之言，往向理论，亦属人情。但至门首，未必即行喊骂，又见该犯执刀在手，未必即敢扑殴。且该犯已被斥回詈，并非猝不及防。死者已七十

情之未尽实也。岁，亦未必一举手而该犯即行闪跌。所见会题命案，无非死者肆行喊骂，先行举手。此臣所以疑其

至拜双滦在家，一闻闹而即携刀以出，其凶狠可想，拜继隆因唤而即持棍同出，其帮护又可想。于此而谓拜双滦为出视，拜继隆为拉劝，出视必携刀耶？拉劝必持棍耶？其为曲笔，尤属易见。至拜景汶初被该犯刀扎伤右脚跟，又被拜继隆棍戳伤右肐肘、拜双刀滦戳伤左腿后，斯时，右臂伤矣，犹称转身夺刀；两脚均伤矣，犹称举脚轮踢；七十岁人，何能如此？窃以为此皆徒手者当刀棍齐至，无可抵御、无可奈何情形，而办案者遂装点以附斗殴之律也。

至拜双滦用刀伤其左手腕，又用刀连伤其右𦡀肋（查原验此处一连三刀，有一刀伤深骨损），又刀伤其左腿后，弃刀逃跑，此处关键尤为明白。拜双滦之凶如此，设非见拜景汶之伤已甚重，何肯弃刀逃跑？岂不知拜景汶之伤已甚重，而犹敢用刀砍，用力猛而左脚跟筋断骨损，此其心为何心？原题称，拜景汶弯腰拾刀，该犯恐被拾起受亏，并非有心致死。夫七十岁人，已棍伤者一，刀伤者七矣，拜双滦且见伤重而逃矣，而犹称能弯腰拾刀乎？而犹称非有心致死乎？即非有心，而其情固已忍矣。此臣所以移商刑部也。

前据刑部以拜景汶年虽七十，究系回民，犷悍性成，举臣所疑各节，悉指为健斗情形，且以伤俱轻浅，犹能弯身拾刀为可信。夫已死为回民，凶犯等亦回民，犷悍健斗四字，不加于持刀杀人之壮回，而加于徒手受死之老回，果老回足当健字，又何以所伤并非致命，而移时即已殒命？臣固已

不能甚解。今见刑部以殴非预纠、伤无致命，定为缓决，则臣尤不能解。夫预纠而后定罪，则是除致命外，虽多用刀以致毙，而亦无死罪也。

伏读秋审册内，前载乾隆二十二年高宗纯皇帝上谕：「内外问刑衙门办理各案件，往往唯事姑息。一切情罪之应正法者，苟可巧为开脱，辄文饰狱词，拟入监候缓决。一入缓决，则每年秋审，例得屡邀恩宥。该犯徒负一斩绞之名，转得偷生视息，以囹圄为送老地。幸遇宽典，或且安然事外。坐使冤死者无偿命之期，而刁恶莠民益无儆畏。近来刑名案牍日多一日，未必不由于此。即如一殴杀也，狱中定谳，必以为曲在死者。凡若此类，报册中不可枚举，总以辗转回护，曲为之贷。殊不思人命关天，必期死生两无所憾。若徒为生者力为保全，则死者不且重被冤抑乎？将谓生者之命可惜，则死者独非命乎？在督抚州县等以为，如此办理，可使该犯留一线之生，而部臣定拟，亦以已成之案，乐于从宽宗结。不知事关刑狱，务期情罪允当。有意从宽与有意从严，其为刑罚不中，一也。」又，乾隆四十二年上谕：「斗殴之案，情形本自不同。有并非互斗，亦援斗殴律条问拟者，因系积久相沿，姑因其旧。而秋谳之分别情实、缓决，则轻重当有权衡。如彼此俱以手足相殴，及各持金刃互格，因而伤重致毙者，两造情事相等，原可入于缓决。若死者仅以詈骂起衅，或用手足先殴，而凶犯则持金刃抵拒杀伤，其为逞强毙命，已可概见。且金刃本可杀人之物，若死者并非持械，岂能徒手相当？即非顿起杀机，其与故杀亦所差一间。此等而不入情实，又何以惩暴除凶？况为法司者，唯当斟酌情理，务得其平。若稍有阴骘之见，曲从开脱，实非平允之道。嗣后，内外问刑衙门于秋审斗殴案犯，并当遵旨悉心定拟，毋有枉纵。庶好勇斗狠之徒共知儆戒，不敢轻蹈法网，所全实多。是即辟以止辟也。等因，钦此。」以上二条，一以见凶犯之不可开脱，致入缓决，一以见金刃杀伤徒手者之宜入情实。煌煌圣训，教诫无遗，自当永远遵守。今此案已死拜景汶之喊骂扑殴，以及凶犯用刀各情形，正圣训所谓「狱成定谳，必以为曲在死者」，「若死者仅以骂詈起衅，或用手足先殴，而凶犯则持金刃抵拒杀伤，其为逞强毙命，已可概见」也。夫以金刃杀人，即两相斗殴，已为逞强毙命，今该犯以兄弟二人共用刀杀一徒手之老族叔，且于犯弟已见伤重逃跑之后，该犯复行凶砍，各情形则又圣训所谓「金刃本可杀人之物，若死者并未持械，岂能徒手相当？即非顿起杀机，其于故杀，亦所差一间」也。刑部将该犯拟以缓决，则又圣训所谓「此等而不入于情实，又何以惩暴除凶」也。核按情罪，既有未平，细绎圣训，又复未合，事关人命，不厌求详，相应请旨，饬下九卿再行详议，期无枉纵。是否有当，伏乞圣鉴训示。谨奏。

【附】

上谕：御史王茂荫奏，秋审册内，拟缓人犯情罪未协等语，陕西秋审册内绞犯拜双汶一案，刑部拟以缓决，据该御史指驳，情节颇为详细。着九卿会同详核定拟具奏。钦此。

驳部议捐纳军功举人生员片

再，臣见户部以需饷孔殷，奏请准士子报捐举人、附生，援嘉庆、道光年间，奉旨赏给举人之案，以开推广捐输之例。又引道光十三年，升任御史朱嶟奏请停止捐赏举人，所奉宣宗成皇帝上谕，极言今昔情形不同，以期必行。事属已成，似难中止。然臣窃惜其无益于目前，而徒贻讥于后世也。举人、秀才，天下所贵，天下之士，莫不攻苦力学以求之。其间妄希侥幸者，亦或间有。顾其意，不独以乡、会试为进身之阶，亦为榜上一名，可以能文自负，夸耀士林也。若竟出于例捐，既无科分之可称，又无同年之可认，见者或多窃笑，谈者罔不鄙夷，谁其愿之？当道光十三年，虽有捐赈邀赏举人者，究竟捐者几人？朱嶟之奏停，非见捐者之多而奏，乃见捐者之浸已无人而后奏，部臣殆未深考耳。在部臣之意，或谓前次捐数逾万，故捐犹少；今减其数之半，自必倍形踊跃。不知人因其贵而贵之，因其贱而愈益贱之矣。

夫入资拜官，虽非善政，然自汉以来有之。至报捐科名，则古所未有。臣闻筹国大臣于此一事惧阻人言，谋之甚秘，发之甚速，以为可以立致千万，故甘冒千古之不韪而不辞，其用心固亦良苦。而考之未详，虑之未深，将来无益度支而徒伤国体，窃恐诸大臣终将悔之而已无及也。

至于奏中所称「不得不于无可筹画之中，为此万不得已之计」等语，在大臣，不妨面奏，似不宜形诸奏折。此抄一发，何异以情输贼耶？计不及此，则所益未见，所损已多矣。

臣愚以为，方今筹饷，不徒在于来处，而尤在于用处。广东军兴年余，共用饷八十余万。广西虽有不同，亦何至遂用千万？臣见户部奏催广西造报军营员弁兵勇数目、日期一折，历历指问，固已屡催罔应矣，然尚觉有问所未及者。如各省解饷，均在全州交卸，赛尚阿奏全州殉难折内，有四川解官候补知县卢金第、安徽解官候补府经历陈垚二员。夫既有解饷之员，即有所解之饷。若谓饷银已解赴粮台，则解员必久经回省。今解员既在城中，则饷银未出城外。乃守城方十一日，而原奏称兵丁已数日饥饿，既不可解，又未见将各省解到之饷，因城陷而为贼所得者，实计若干，确查奏报，此中盖有难言矣。夫不求饷之用必得济，而任委诸盗贼之手，糜诸老弱之兵，销诸不肖员弁之浮冒，虽日筹捐输，似亦徒劳。

臣自知愚昧之见，未能有补，而耿耿中心，难安缄默。为此。谨奏。

【附】

上谕：前据户部奏请捐纳军功举人生员一折，着不准行。钦此。

筹备安徽防剿事宜折

奏为敬筹安徽防剿事宜，恭折仰祈圣鉴事：

臣闻安徽抚臣奏筹防堵，于庐、凤一带召募骁勇二千名，请留用款百余万作备粮饷，经部奏驳。事涉张皇，诚难免议。然安省与两湖一水可通，湖南大兵剿贼，贼必将四窜，一或窜入湖北，则顺水乘风，三四日可到。该抚所奏备豫之宜，实为势所难缓。

唯是防必期于扼要，饷始免于虚糜。安省防堵，不在省城，而在安庆府属之宿松。该县与湖北黄梅、江西彭泽均属交界。大江中流，特耸一小孤山，俨为门户，非独安省之扼塞，实亦全江之锁钥。自来元、明御贼，使不得过安庆，全在于此。此处善为设防，贼断无从飞越。顾臣所虑者，不在设防之难，而在得人之难。方贼之困永安也，合全军之力，临以大帅之威，谋之数月之久，防堵亦至严矣，而贼一旦窜出，莫之能御。湖南之办防堵亦经年矣，总督亲驻衡州，而贼由全州窜入永州，旋破道州，如入无人之境。所谓防堵者何在？是可见办理之全恃乎人也。查帮办防堵，广西则用龙启瑞、朱琦，湖南则用罗绕典，江西则用陈孚恩，皆以本地人办本地事，仰见圣心妙用。安省绅士在籍者少，唯前署广西巡抚周天爵，虽籍隶山东，而久住凤阳之宿州。该抚由州县而府、道、臬司，皆在安省。不唯情形至为熟悉，士民至今感戴，即庐、凤犷悍之徒，亦莫不闻风慑服，盖积威有素也。诚使周天爵帮办防堵，相度扼要之地而守之，其威力足以驱策骁勇，而不使别滋事端；其清勤足以振式浮靡，而不致多所冒滥，得力当与各省在籍大员无异。水路有此，可以无虞。

至陆路，独太湖县界连湖北，余如望江、婺源、祁门、建德、东流，皆界江西。山路处处可通，安得一一设防？大抵交界处，率有崇山峻岭以为限，地险可守。唯当令府县体察情形，敦请绅士，告以团练章程。明金声曾有御贼互保之法，最为简易。使劝谕该处附近村庄，自行妥办。一村议数人，以率领徒众，一月议数集，以讲明约束。无事各安生理，有事一呼即至。官因以时稽察之，奖劝之，俾知共御寇贼，即以自保田庐，民自无不勉从。至其在官者，则责立法以拿土匪之借端肆害，悬赏以缉土匪之逃窜潜踪。凡各乡镇、里党以及旅店，遍张晓谕，遇有土匪生事，即令报官拿究。遇有外来形迹可疑之人，严行盘诘来历，稍涉含糊，即行送官审讯。或系奸宄，或系逃匪，审明照格重赏。地方民人，聚族而居，信息易通，守助易固。如此办理，贼即无自而来，甚无庸官办防堵，招聚无赖，徒滋扰害也。

臣籍隶安徽，谊关桑梓，上为江防筹扼要，以免虚糜；下为乡里筹保卫，以免滋扰。管见所及，敬以上陈，是否有当，伏乞皇上圣鉴训示。谨奏。

请严防岳州以固荆武折

奏为湖南贼匪虽窜，未知所向，急宜严防岳州、荆州、武昌，并请严饬大帅，迅速兜围事：

臣读日抄，知湖南贼匪于十月十九日夤夜纷奔，有窜至宁乡之说。而署督徐广缙分饬员弁，防其窜入常德、宝庆。常德固商贾聚集之区，该匪或不无歆羡；宝庆则退回广西之路，该匪自广西来，岂不知该处菁华已尽？臣以为，宁乡逼近沅江，直达洞庭，其窥伺岳州，势所必至。该署督派常禄、张国梁等带兵几及万人，往长沙西北堵御，定不令该匪冲突。然臣闻岳州防兵仅二千人，湖南督抚大员并不以岳州紧要为意，且以湖北提督博勒恭武驻守岳州为多事。即如湘阴土匪滋事，经博勒恭武击散，并未闻湖南地方文武稍助一臂之力。而所擒土匪供出头目晏五（即宴和尚），乃积惯贩烟，与会匪勾通一气，八月间曾至长沙贼营，领有伪旗银两，至湘阴为贼接应，希图劫掠饷鞘硝磺。其时，岳州府城人民闻信搬徙，几至一空。若非湖北兵勇擒剿，则岳州几不可问，不但军需数十万与硝磺被抢已也。现在贼匪北窜，或探知岳州兵单，一径窜入，则东连武昌，西达荆州，可以任其所之。

荆州满兵素不得力，且与地方兵丁不能联络。将军台涌，前因办理营务不妥，曾经钦差查办，未必能得军心。此次防守荆江，难期尽善。而武昌守兵，现闻仅存数百名，尤为可虞。倘岳州稍有疏失，则湖北必为大震。大江顺流而下，既无水师，又无厚饷。臣前虽奏请办安徽防堵，扼守小孤山，未知曾否准行？倘江西与安徽江防稍疏，只以不扰民为高，不以先弭患为要，则由长江而下江西之九江，安徽之省城一水可通，并无阻遏，恐江淮人心，亦复震惊。况荆州为古力争之地，康熙年间，吴逆构乱，逼扰岳州，当国家鼎盛之时，亦费全力以取之，现在更宜加谨可知。

臣闻钦差大臣徐广缙自梧州半月始达平乐，又半月始达桂林，其至衡州，迟之又久。久知长沙被围，而行走如此迂缓，恐其存轻视贼匪之心，遂有计虑不周之处。唯有仰求皇上，迅饬徐广缙亲督大军，绕赴长沙西北，阻贼北窜；并添派重兵，助守岳州。一面严饬湖北，添兵防堵。如有他处调到新兵，截留悉力分守武昌、荆州，则该匪无可奔突矣。

是否有当，伏乞圣鉴，谨奏。

筹备湖北水陆防堵事宜折

奏为敬陈形势，再请预防，恭折奏祈圣鉴事：

臣于本月见湖南贼匪逃窜，奏请严防岳、荆、武等府，而不知岳州先经失守，言之已后，深切悚惶。现奉谕旨，严饬徐广缙驰赴岳州，绕出贼前，迎头截击，并令武昌、汉阳、荆州各路一律防堵。昨又伏读上谕：「派河南布政使郑敦谨驰赴信阳州一带，会同南阳镇总兵柏山扼要筹办，署河南巡抚琦善驰抵楚豫交界地方，督饬严防。等因，钦此。」仰见圣心，先事豫筹，无微不至。

唯查湖北一省，地居腹里，势控上游。水路有二，一最宜防；陆路有二，皆当备之。何则？水路乘长江逆流而上，则入西蜀。西蜀僻处一隅，且巫峡、夔门，江流险急，逆上甚难，况贼不由洞庭之西，而由湖东岳州一带，意不在四川而在湖北，已可概见。此路似非吃紧。唯长江东下，由江西九江，过安徽省城，直指江宁，顺流扬帆，不过旬日。漕、盐两务，皆在东南，国家养命之源，一经骚动，关系匪轻。此一路所以最宜防也。陆路一由孝感达河南之信阳，一由襄阳达河南之南阳与陕西之南山。贼若由孝感三里城至信阳一路，南北通衢，可以直犯中原。右由襄阳至南阳，则河洛震惊，若至陕西之南山，则尤宜出没。此两路皆所以宜防也。

防水路之法，请以江西兵勇调至九江驻扎，以江南水师调至安徽之小孤山，拦江截守。以安徽绿营兵弁调扎小孤山之两岸。此处江面最狭，不过里许，而小孤山壁立中流，水师依山据险，迎头奋击；两岸兵弁，枪炮夹攻，贼匪自难飞渡。唯小孤山南岸皆山，有险可守；北岸旷野，非得重兵掘濠修垒，不足以资堵御。且北岸宿松、望江一带，亦系通衢，不可不一律兼防。此水路设防之情形也。

陆路之防，信阳一带，现已有郑敦谨前往筹办。唯信阳壤接湖北之孝感，此为南北通衢驿站，固宜严防。信阳以东，则光山、商城与湖北之黄安、麻城交界，不但有平坦大路可通其间（如黄土坪、界岭等处），亦有山险可守。信阳以西，新野与湖北之枣阳交界，山溪亦甚险要，处处皆宜严防，不独信阳一州而已。且守信阳，必须进兵驻扎湖北孝感之三里城（距河南边界三里），此处地当孔道，而四面环山，可以固守，可以设伏。请饬郑敦谨一并筹办。南阳一路，则请饬河南南阳一带官兵，就近调至襄阳，驻扎樊城地方。其地虽属湖北，而实系河南门户。过此以往，地势平衍，无险可扼。且樊城紧据汉水北岸，易于设防。从古用兵，北方有事则守襄阳，南方有事则守樊城，此一定之势也。更可虑者，由襄阳而至河洛，此正路也。其间道自襄阳沿汉水入山，由老河口过郧阳，直达陕西之商州，进金紫关、龙驹寨，绕出潼关背后，则关中无险可守矣。应请饬陕西巡抚，拣派能员，督率弁兵，严备商州、南山一带，杜其绕入潼关间道，以固关中之人心。其余山蹊僻径，相机妥办。此陆路设防之情形也。防堵果严，并可进兵策应，湖北一切地方，庶不至临事仓黄。

然水陆两路虽云如此设防，而沿边之府州县，不得文武兼优之才，亦不足以共济其事。请饬下两江总督，河南、陕西、安徽、江西各巡抚，将各该省与湖北接壤之府州县，拣选各省中才兼文武、足胜防堵之任者，无论实缺候补，权宜调委，以济时艰。盖弁兵只可剿贼守险，而抚民练勇、坚壁清野，非贤能之吏不办。地方官与兵将，实兼重也。

臣为急筹防堵起见，是否有当，伏乞圣鉴训示。谨奏。

请饬周天爵赴安庆帮办防堵片

再，安徽一省，自首府安庆以及徽、宁、池、太四府，地接江南，人多柔脆。唯庐、凤、颍三府，习俗强悍，勇于战争；但驭之不得其人，往往聚而生事。风闻本年八月，安徽招募凤阳、寿州乡勇一起，其数不满二百，并派营弁管带赴省，沿途骚扰。行至桐城之吕亭驿，强掳妇女勒赎。至九铺地方，劫夺奸淫，无所不至。及至省垣，不敢容留堵御，给以行粮，转送湖广。现又闻续招之骁勇二千名，时常要挟，气甚嚣张，该管员弁，不能禁压。是安徽防堵，舍庐、凤、颍之人而别无可用，有庐、凤、颍之人而又不能用。如此防堵，只可希冀贼之不来。现今贼已窜入岳州，将窜湖北。岳州至湖北省城，陆路三日，水路不过一日。湖北省城至安徽省城，陆路八日，水路不过三日，顺流而下，呼吸间耳。河南现已钦派重臣重兵防堵。皇上以封疆民命为重。安徽之与河南，同一与湖北接壤。安徽之兵力不及河南，而安徽之屏藩江淮，较河南尤为吃紧。臣前疏请饬周天爵驰赴省垣，帮办防堵，未见明降谕旨，不知曾否准行。

臣于周天爵，无一面之交，不过深知在臣安徽做官最久，且在庐、凤道任内，地方凶横之徒，不唯畏威，并且怀德。唯其人办事过于认真，同僚属吏往往望而生畏，难保无尼之者。在周天爵，年近八旬，精力虽健，未必更以仕宦为荣。况帮办防堵，成败之际，性命所关，更非安富尊荣之事。臣所以再三冒昧渎请者，诚以安徽之防堵，非庐、凤、颍之乡勇不能行，该勇非周天爵之声望不能用。

臣知周天爵于广西军务办理无效，然彼系一省之事，股数甚多。此则一路之事，且地利生熟不同，迁地或难为良，安徽实其所熟。伏乞皇上轸念民生，速饬周天爵驰赴省垣，并准其随带壮勇，帮办防堵，以固疆圉。不胜惶悚待命之至。谨奏。

条陈军务事宜折

奏为敬陈管见，再请急筹，恭折奏祈圣鉴事：

窃以贼势猖獗，武昌失守，九江被围，由此而安庆、江宁，稍有疏虞，数日即可直达。事有不可不筹备者，必且图之于早。若待事至谋之，诚恐苍黄无及。臣敢敬拟四条，为我皇上陈之。

一、请急收人心也。臣闻贼之所至，专示假仁假义。其到汉口也，先使人安抚市肆，令如常买卖，毋得关闭。其买市物也，照常市价，无有短少，市人安之。而官兵一到，反多残害。近闻直隶、山东，亦有官兵骚扰之事。夫民为邦本，贼以不扰诱我民，而兵以骚扰迫我民，是驱民心以向贼也。民心一去，天下将谁与守？今请严降谕旨，饬带兵诸将，务必使兵与民秋毫无犯。敢有犯者，兵丁立即枭示，犯事地方管带员弁，亦即处斩，使民咸晓然于皇上爱民之心，如此其至也。再请饬暂停捐输。百姓受国家深仁厚泽，原未尝无急公报效之心，而州县奉行不善，未免多滋扰累。今防堵省份较多，其中富民捐资，贫民捐力，业已不少。请恩旨特降，令民筹防以自卫，而不令捐输以上供。大悬赏格，有能倡办团练以保乡里者，立予顶戴；有能以团练败贼者，立授官职；有能杀长发贼一级来献者，按级加赏。使民知自保即可邀赏，重赏实为保民，斯天下咸晓然于皇上保民之心，如此其至也，贼虽假仁假义，不得而煽诱矣。

一、请急筹积储也。贼至九江，则长江直下之势，已属可虑。万一贼至瓜洲，直扼我吭，南粮均为所阻。京城仓米，不过半年。民食一贵，人心必大惊惶，恐生内变。请饬户部，早于奉天等近省采买杂粮，以备不虞。刑部侍郎奕经前在盛京最久，皇上可面询其产粮之区，屯粮之路。筹备不可不早也。

一、请急讲训练也。八旗劲旅，自无不久经训练。而承平日久，技艺未必能精，进退未必协律，调度未必如意。万一近畿有警，何以御之？请旨饬访求善于行阵之将，日事操练，以修武备，安人心。

一、请急求人才也。现在皇上破格用人，于各处要地军营无不钦派大员前往襄办。然所用类多文臣，军旅之事不独未学，亦并未见，两年以来，成效可睹。即各处所保武弁，似亦不过行阵之士，求所谓运筹设策、出奇制胜者，恐未必有其人。应请特旨，宣谕中外，有能精通谋略、善晓兵机、可以参赞军务者；或才能出众、智勇足备、可当将帅之任者；或专门名家、精于一艺、可备军营之用者，无论内外大小臣工，均许各举所知。不能自奏者，呈该管衙门代奏，以备试用。

以上急筹四条，臣为安人心、固根本起见，是否有当，伏乞圣鉴训示。谨奏。

请严守小孤山片

再：臣闻安庆大江，唯小孤山可守。从前元、明之守，载在史册，至今地方犹传。安庆大员，唯臬司张熙宇能办事。以张熙宇守小孤山，似为得宜，而虑其独力难支，故尝迭奏，请用周天爵。乃近闻督臣陆建瀛以小孤山为不可守，今又闻抚臣蒋文庆欲撤小孤山之守，真不可解。舍小孤山不守，不知欲守何地。以为守省城耶？是舍门户而守房室也。省城周围不过九里，倚山临江，无论未必能守，即能守，而贼舍之不攻，亦可直达江宁矣。是不守小孤山，直欲开门而延盗也。然督抚两大员有此意见，一臬司何以当之？即或勉力支撑，必且动成掣肘。贼一过九江，此地恐不可问矣。此地不守，而贼即在江宁矣，天下大局可为寒心。伏乞皇上严饬督臣以必保九江，严饬抚臣以必保小孤山。两处有失，唯该督抚是问，并请钦派可靠大员，于小孤山协同防堵，使贼必不得过，江南幸甚！天下幸甚！谨奏。

王侍郎奏议卷三

条奏部议银票银号难行折

奏为银票亏商、银号亏国，部议未尽，请饬另筹事：

窃臣见户部会议行钞奏称：「钞法收效稽迟，不如就目前本有之财，以图周转。拟请暂行银票期票，仿照内务府官钱铺之法，开设官银钱号以便支取。奉旨依议，钦此，等因。」伏查部议所称，提取各州县所存谷价银两，给以银票，为将来补买之用，及大员俸银，给与期票，令其届期关支。事虽权宜，而行无窒碍，自属可行。惟所称「用银票之法，请于各省当杂各商生息帑本内，每酌提十分之三，解交藩库，报部候拨。户部核明银数，应造一百两、八十两、五十两之票若干张，汇发该省。按原提本银数目分给各该商。准令该省捐纳、封典、职衔、贡监之人，向各商买票报捐，归还原提银款，其各商应缴息银，仍如其旧。于商无亏，于事有济」等语，臣不知各省生息帑本共有若干，有济与否，不敢妄议。若商，则知其必亏。

臣闻各省州县皆有典规，岁数千两至万两不等。即平居无事，而已视典商为鱼肉。今令州县以提帑本发部票，则必以火耗、脚价、部费为借口，而收钱有费，发票有费。费之轻重，固视官之贪廉。然官即能廉，吏亦断无空过之事。此商之亏一也。商之缴银也，限以三月。由州县而藩司，而报部，不知几月。迨部中核明银数，造票有时，发票有时，由该省以行至州县，分给各商，又不知几时。窃计自商缴银之日，以至领票之日，至速亦须一年。此一年中，该商等本银已缴其三，而息银仍如其旧，此息竟从何来？此商之亏又一也。商领银票，准令该省捐纳封典、职衔、贡监之人，向各商买以报销，归还原款。窃计捐生有银报捐，何为必欲买票？且买票入手，不知有无真伪；持票上兑，不知有无留难；何如持银上兑之可恃？苟非与该商素识，委曲代计补亏，断不向买。设领票年余，而素识中竟无欲捐之人，其票必悬而无着。则商之亏又一也。由前二亏，亏固难免；由后一亏，亏更无期。于此而谓于商无亏，恐未可信。

夫提取存本，固商之本分，亦商所乐从。今欲济急需，则竟提用，俟度支充裕，再行发给可耳。若如部议，提本、给票、买票，费三层周折，而仍归于报捐。名避勒捐，而实较捐之费为更甚矣。

再，查所议官银钱号之法，「请于京城招商，开设银钱号三所，每所由库发给成本银两，再将户、工两局每月交库卯钱，由银库分给官号，令其与民间铺户交易。户部每月应放现钱，一概放给钱票，在官号支取。俾与钱票相辅而行，辗转流通，兵民两有俾益」等语，在部臣之意，以为有钱乃始给票，则票实而人可取信；给票不尽取钱，则钱存而利有可余。不知在商贾可行，而国家则不能行也。姑不论以经国谋猷下同商贾，其体为至亵，其利为至微。今且以商贾之道言之，大抵能创一肆、守一业者，其人必工心计，习俭勤，旦夕以身入其中，而又知人而善任。非是则败。盖有创立数年，买卖甚旺，一旦身离其地而顿亏者矣；有资本巨万，偶用非人，不数年而全覆者矣；有日习其中，而计虑未精，业仍销歇者矣。臣所见闻，不知凡几。夫以商贾之自为，尚且如此，今乃欲以官招商为之，其人果殷实、善经营也者，彼且自谋之不暇，何暇为官谋？其应招者，必其不可恃者也。而官又不能旦夕稽察其间，即使派员稽察，亦属徒然。况官吏往来，尤难保无沾染乎？况户部写票，悉由书吏，纷繁琐碎，尤难保无作假乎？假照之案，可为前车。此法若行，不数年而银本钱本必成大亏，此臣所谓亏国也。在部臣意，必谓有亏不难重治其罪耳。不知狡黠之徒，初时亏之，断不能见，至亏之已甚，则虽重治其罪，亦复何补！若谓内务府官钱铺行之数年，并未见亏，则其中利弊，人不易知，似未可借为仿照。臣实觉此法断不可行。

以上二条，现在章程未立，请饬部臣另行筹议。伏乞皇上圣鉴训示。谨奏。

【附】

朱批：户部议奏。钦此。

条陈算饷事宜片

再，臣拟得筹饷之方四条，敬陈圣鉴：

一、请停各省采办诸物，均归折价也。臣闻各省采办诸物，解贡到京后，书吏讹索，部费甚重。如江苏解颜料、铜、锡须费三千两，飞金须费千余两；江西抬连纸须费五百余两；浙江丝斤须费五千两，油茶须费二千两。以此推之，各省莫不有采办，即莫不有部费，已不知几万两。又闻福建办抬连纸，一百万张例价约千两，将乐县津贴纸价一千二百余两，水脚三百余两，又津贴委员九百余两，以作川费、部费之用。而委员往返二年，尤赔累不堪。以此推之，各省办解之物，合计津贴不知几万两。各省解运之员，合计赔累又不知几万两。凡此皆民之脂膏也，而徒以供部胥之囊橐，诚为可惜。臣愚以为，京师百货云集，用物随时购办，无虞缺乏。请除滇、黔铜铅外，饬令各省，额解各物，一概停止。其本有例价者，既免开支，其本属例贡者，即令折价。而向来津贴采办、津贴运解之数，均核计声明，全行搭解部库，以备购买各物之用。有需用时，购买有资；无需用时，不致徒费。如此变通办理，部库增多解之款，各物无陈朽之虞，委员免赔累之苦，内外似均有益。唯此事一交部议，库员书吏多方阻挠，必将不行。应请出自宸裁，实为幸甚。

一、请拆铜寺，以资铸钱也。臣闻热河有珠源寺，全以铜造，门窗户壁，无一非铜，一瓦之重，约四五斤，为屋三间，计铜不止千万。当年造此，似有深意存焉，殆正备今日之用。现在滇铜运解维艰，请派大员前往，拆卸运京，以资鼓铸。热河至京，不过数日，所省铜本运脚，实为不少。且闻山西一带，亦有铜庙不止一处。请均照此办理，似数百万帑金，不难立致。昔周世宗以佛像铸钱语侍臣：「勿以毁佛为疑，佛以善道化人，苟志于善，斯奉佛矣。且佛志在利人，虽头目犹舍以布施」云云。又闻康熙年间，亦曾以佛像铸钱，故至今康熙钱中犹有「罗汉钱」之名。今即有疑阻者，不妨将佛像移于他处，但拆寺宇，自无所害。

一、请用兵省份即令铸钱也。臣闻军营所至，钱价物价登时昂贵，每银一两，易钱不过千余，而食物较常几欲加倍。以致兵丁领得饷银，日或不饱。现在湖北剿贼，铜运似难道行。所有未过湖北之滇铜，即请截留，饬令该省赶紧铸钱，以资兵丁兑换。如铜不足省份，即令赶铸铁钱，照铜钱一样行用。以银给饷，复以钱收银，在兵丁不受钱价之亏，而官可得周转之利。查铁钱，五代及宋皆尝铸之，或与铜钱并行，或竟专行，大抵因地因时以助军费。

一、请将抄产珍宝发给变价也。闻自来抄产，每多珍宝珠玉之属。此等物久存无用，且恐致遗失。请饬该管大臣按籍检出，发给变价，以助饷需。

以上四条，似不敢于民而可以济用。是否有当，伏乞皇上训示。谨奏。

【附】

朱批：户部议奏，钦此。

请将钞法前奏再行详议片

再，查部臣议行银票，意谓票与钞相关，欲以此试钞之行否。臣窃谓此意似未深思也。诚欲试钞之法，当如其法而用之，方为试行。若变易其法，则行与不行，皆各自一事，安得因此而概彼？夫行钞，首在收发流通。唯收之能宽，斯发之不滞。今银票之发，唯以抵存本，而收唯以报常捐，上下均隘其途，安得而流通乎！

臣自元年十月曾上钞法十条，经部议驳，遂不复言。窃冀部臣别有良策，乃筹饷二十三条，不为不详，而大概皆出于捐。至所称赏银执照与银票，似尚不如钞之便。即近来言钞者多，而于推行收发之间，立法亦多未尽。必不得已，请饬部将臣前奏再行详议。其前所驳各条，唯暗设标识一条，即可照议删去，余或尚当致详。至钞上既去标识，即请加用部科印，先以成式颁发各省府州县以及行钞银号，使便比照，则伪者不敢出，用者自易信。而其要，尤在行之以渐，而限之以制。若一旦骤造数十万，势必不行。彼洋银流入中国，人亦初不敢用，迨行之久而人便之，且善辨识，遂遍东南各省。此岂一朝夕之故哉？事非通筹大局，深究始终，未易得其要领。

臣固非谓钞为无弊，但以此法不取于民，亦不强民，犹弊之较轻者耳。倘舍此他图，盖未有不取诸民者。今日之民，恐不堪命。为此冒昧渎陈，不胜惶悚之至。谨奏。

【附】

朱批：户部议奏。钦此。

请将《筑堡御贼疏》《坚壁清野议》饬下仿行片

再，臣思现在贼匪情形，与嘉庆初年教匪大略相似。嘉庆二年，德楞泰有《令民筑堡御贼》一疏，又龚景瀚有《坚壁清野议》，皆言之于先。至嘉庆六年，始奉旨通行，而妖氛渐以平定。其时平定方略，大概多出其中。论者谓德楞泰老成先见，龚景瀚筹画尤详，非此不能制贼之命。当时若能早行，或不致蔓延数载。夫当日行之，既惜其迟，则今日行之，似宜及早。请饬令军机大臣检录进呈御前，详加批览。此二臣之一疏一议，所在应有，即请饬下。现在贼扰及邻近，各省督抚按照成法，参合时宜，选派干员，总理其事，通饬州县，实心筹办。此法一行，贼虽蔓延，而野无所掠，城不能破，自不难渐次殄灭。

唯臣闻各省州县，城垣完固者少，办理坚壁清野，修城乃第一要务。查向来各省捐修城工，议叙最轻。今若准与优叙，则各捐生既可保护身家，又得仰邀恩典，自必踊跃输将，不必另筹经费。

又，外省习气，兵弁不受州县调遣。平时缉盗捕匪等事，皆须州县团勇，每以经费不足，不能认真。且微末武弁，鲜知大体，往往克扣钱粮，以致兵不足额，老弱充数。今若将弁兵归州县兼辖，则调度应手，不必另筹团勇之费，且老弱之兵，可以随时挑汰，不似平素镇将之远隔，难于稽查，似可稍得兵力。

以上二条，似于坚壁清野有裨，乞饬大臣一并议行。谨奏。

请饬沈棣辉帮办向荣军务片

再，臣思向荣现奉旨授为钦差大臣，专办军务，一时臣民翕然庆得人，以为贼匪计日可灭。唯臣思该大臣固属老将，然长于武略，未必娴习文案。且兵机所关，间不容发，亦不宜更使以他事分心，必得文员为之襄理一切，庶俾专力破贼。又闻该大臣情性稍刚，与人难合。唯升任高廉道沈棣辉有体有用，刚柔得宜，必能善为调剂。该道现在湖南，请旨饬令前往向荣军中帮办军务，既便翊赞成功，兼以隐为保全。可否？伏乞圣裁。谨附奏。

请重刑赏以固人心折

奏为请重刑赏，以固人心，恭折仰祈圣鉴事：

伏思逆贼出自粤西，所破之处，往往走而不守，论者因以为贼无大志，臣窃忧之。贼之不守，非不能也，正其志有所在也。设至两江，则又恐守而不走矣。夫贼出粤西，不过数千，行至两湖，遂逾数万。两江材力之士、不得志之徒，夫岂或少，设竟号召响应，事有不可问矣。

皇上前降谕旨，令所在行坚壁清野之法，团练保卫，剀切详尽，读者感泣。然第言赏而未言罚。今请重定赏罚，使地方有司有所劝，复有所戒。劝则乐办，戒则不敢不办。在在皆办，则在在可守。斯可以固我之人心，不至闻贼即走，不至趋而从贼。且所在材力之士，亦可借此自见，而不致为贼用。再请特降谕旨，有从贼者，必加赤族之诛；有杀贼者，必加非常之赏；有擒洪秀全来投者，即予五等之封，以散在彼之人心。我之人心固，而彼之人心散，斯贼可计日灭矣。

愚昧之见，伏乞皇上圣鉴训示。谨奏。

选将练兵折

奏为请选将练兵，以振军威而消奸宄，恭折仰祈圣鉴事：

伏读本月初二日上谕：「令各旗营官兵，挑选精壮，实心简练，并令该营大臣常川督率，阅兵大臣分班亲阅，使马、步、火器一律严整。等因，钦此。」仰见圣谟深远，自足大振军威。唯是练兵必先练将。将不知兵，虽日事操演，亦似无益。现在承平日久，各旗营大臣曾经行阵者少，未必尽属知兵。但令循例奉行，未免徒成故事。当此时事孔亟，伏乞皇上令各旗营大臣，或选择曾经出师、历过行阵之员，以资教导，兵丁虽年纪已老，亦堪任用；或延访素习武略、谋勇兼优之士，以资讲求调度，虽出自草野，亦许保举。庶几冀得将材，足胜御侮。

至简练兵丁，虽责在该管大臣、阅兵大臣，然臣闻各旗营武备废弛已久，即器械亦不能全，立令全行应操，势必不能。即使勉强遵行，仍属有名无实。臣愚拟请饬各营大臣挑选精壮，不必限以数目，而必限以时日，使择足资训练者，训练一月，计有精壮若干名，共得若干队，造册咨部，奏明请旨，派王大臣抽看。再限一月，训练稍精，奏明请皇上随时抽阅。以兵丁之强弱，定该营之功过，严明赏罚，似可稍免含混。嗣后陆续挑选简练，得有精壮，按月奏明，增入册内。如此逐渐整顿，数月之后，训练日进，精壮日增，兵威自必大振。由是而推之附京各旗营，推之直隶、山东各近省，均令一律办理，斯可以销奸宄之心，而固士民之志矣。天下之事，多坏于因循粉饰，似非限以时日，重以皇上亲行抽阅，诚恐积习难以骤挽。

愚昧之见，是否有当，伏乞圣鉴训示。谨奏。

请速剿捻匪折

奏为捻匪四起，请速剿除，以防勾结而弭患萌，恭折奏祈圣鉴事：

伏读本月十五日抄，见豫抚陆应谷因安徽宿州、蒙城、亳、寿等处捻匪四起，临淮之磨盘山聚集多名，肆行劫掠，奏请调兵防堵。窃思皖省庐、凤等处，民气素称强悍，匪徒聚集多人，往往扰害村镇。上年虽经该督抚奏请委员严拿惩办，而未经拿办者正多。所聚或千余人，或数百人，平时劫掠，肆行无忌。近闻粤匪窜扰，安庆、江宁先后失守，自更毫无畏惮。若不乘其初起，急行剿除，则盘踞日久，勾结愈多，必致酿成巨患。况庐、凤界连豫省，接壤淮、徐，现值筹防粤匪之时，非先将此数处捻匪剿除净尽，万一粤匪潜行勾结，更为心腹之忧。且河南捻匪素多，难保不闻风而起，豫省、淮、徐防堵，正不可恃。侍郎周天爵历任皖省，素为匪徒所畏服，然恐该处兵勇不敷，应请饬令豫东两省，各选将带兵，飞驰前往，随同该侍郎剿办。豫抚陆应谷现已亲驻归德，亦自可相机协剿。欲筹防堵于河南，宜先净根株于皖省。能将皖省捻匪迅速剿除，则豫省不防而自固，而该侍郎等亦得以专力防剿粤匪矣。

再，庐、凤、颍三府，正在剿办捻匪吃紧之时，尤在守令得人，方足以固民心而资捍御。从前三省教匪案内，有居官素好之刘清，所到贼即退避。上年粤匪在湖南，有五县不犯，曰：「此其县有好官。」是可见州县官好，不独本境之匪不起，即他境之匪亦不来。风闻庐、凤一带府县各官，贪鄙者多，清正者少。伏乞严饬该省大吏，将各州县昏庸不职之员严行参办，既以安民心，亦以戢贼胆。是又治贼之源，得力在防与剿之上者。非独庐、凤各府，亦非独皖省，而实为各省所宜实行。应并请旨，通饬直省各督抚，一体遵照办理，将贪官污吏严行参劾，免致为贼借口，实方今切要之务。

是否有当，伏乞皇上圣鉴。谨奏。

请饬专主剿办片

再，臣伏见粤匪窜扰以来，湖南设防，久逾一载，湖北、江西亦自元年皆已筹防。即安徽，于上年八月亦经请防，乃在在言防，在在不守。是防之一字，徒以虚糜兵饷，实为历历可监。乃今安省捻匪四起，河南巡抚又行奏请防堵，臣窃以为过矣。夫界连之地，道路交通，防之既不胜防，兵势愈分，则兵力愈薄，防亦断不能防。尝见江西抚奏下巢湖、老鼠峡防守情形：某处兵三百名，某处兵二百名，如此布置，似皆为防字所误。现在各省办理团练，似即所以为防。伏乞皇上严饬各省督抚，专主办剿。各将兵官日事训练，以察兵弁之勇怯，以求技击之精熟。一有匪贼窃发，无论本省邻省，不分畛域，即令该督抚选将督兵，驰往协剿。如安省匪起，而豫东二省即率兵驰而赴之。

兵以分而势单者，亦以合而势众。乘其众之未固，谋之未定，一鼓作气，自不难立行扑灭。一处之匪灭，则各处之匪不敢起；邻省之贼灭，即本省之贼无自来。是不言防而防自固，不独贼势可免蔓延，抑亦兵饷不致坐耗，毋得更以防堵二字虚费钱粮，坐失事机。愚昧之见，伏乞圣鉴。谨奏。

安徽改置省城再宜详议折

奏为省城改置，似宜详议，请饬先筹分驻，以资弹压防守，恭折奏祈圣鉴事：

窃臣读日抄，「见新任安徽抚臣李嘉端奏，庐州府为皖省之中，形势扼要，请以定为省城，奉旨准其暂在庐州驻扎办事。等因，钦此。」伏思省城建置，自以扼要为先，至于适中，似非所计。今请以大局形势言之：省城之设于安庆，上控全楚，下蔽金陵，非独为一省门户，实为全江门户。自古争战之世，皆必争此。即现在贼过安庆，顺流遂达金陵，亦见舍此更无可守也。以城池高大而论，则安庆远不及庐州；以形势扼要而论，则庐州仍不及安庆。安庆城小难守，臣固亦尝言之。然所谓难守者，指专守省城而言，若能扼守小孤山，则元余阙之拒陈友谅，守之六年矣。今粤匪不及陈友谅远甚，而不能一朝守者，一由陆建瀛之退走，防兵望而奔溃；一由蒋文庆之太无筹画也。观向荣所查失守情形，岂地利之过耶？盖金陵以安庆为屏蔽，安庆以小孤山为屏蔽，无小孤山即无安庆，无安庆即无金陵。此时以控扼贼势起见，暂以庐州驻扎，不得不然。若竟改置省城，似未可因一时之利便，而忘百年之久计。此事所系甚大，而现在不急，应请饬中外大臣再行从容详议。

唯省城自被贼后，向荣仅于一过，所请令李本仁、张熙宇入城办理，均属业经罢斥之员，未闻更派文武前往查办。前所招募骁勇，本属庐、凤亡命之徒，贼东窜后，四出抢掠。加以陆建瀛自九江退走，防兵溃散，尽在沿河一带肆扰。而庐、凤土匪被剿，南窜安庆，复为逋薮。蹂躏之余，何以堪此！且金陵、扬州，我兵连获胜仗，贼势穷蹙，又将奔窜。现计水路，扬州、常州、江阴各处皆有防守，独安庆省城空虚。万一由太平、芜湖一路复窜而西，亦为可虑。现在侍郎周天爵、吕贤基皆在庐州，抚藩大员应如何分驻，以安集流亡、剿办土匪，并如何设立防守，应请饬该抚即行驰往安庆省城筹办。

是否有当，伏乞圣鉴训示。谨奏。

请筹通商以安民业折

奏为请筹通商，以安民业，恭折奏祈圣鉴事：

窃思京城为根本重地，必得商贾流通，百货云集，方足以安民生。自上月钱店关闭者多，民心惶惶，几于不可终日。蒙皇上大沛恩纶，广宣谕旨，百姓感颂欢呼，街市顿觉平静，月余以来，似觉无事。然此第外见之象也，实则各项店铺之歇业者，竟自日多一日。若不赶紧想法，恐有罢市之势。

臣尝细推各行歇业之由，大抵因买卖之日微，借贷之日紧。夫买卖多寡，由于时势，非人所能为也。而借贷日紧，则由银钱帐局。各财东自上年以来立意收本，但有还者，只进不出，以致各行生意不能转动。闻帐局自来借贷，多一年为期。五六月间，各路货物到京，借者尤多。每逢到期，将本利全数措齐，送到局中，谓之本利见面。帐局看后将利收起，令借者更换一券，仍将本银持归，每年如此。故此时犹不甚显者，各帐未尽届期也。若届期全行收起，更不复借，则街市一旦成空。盖各行店铺自本者，十不一二，全恃借贷流通。若竟借贷不通，即成束手，必致纷纷歇业，实为可虑。

且可虑者店铺，而尤不独在店铺也。即如各行帐局之帮伙，统计不下万人。帐局收，而此万人者已成无业之民。各店铺中帮伙，小者数人，多者数十人。一店歇业，则此数人、数十人者，亦即成无业之民。是帐局一收，而失业之民将不可数计也。此不可数计之无业闲民，既无所事，又不能归，终日游荡于京城之中，又将何以处之！

臣愚以为，各行店铺之歇业，患在帐局收本。而帐局所以收本，虑在各行店铺之将亏其本而不能收。拟请旨通行晓谕各银钱帐局，务宜照常各按旧章，到期收利换券，不宜将本银收起。其换券利息，亦不宜较前加增。倘各行店铺有不能交利者，准报官为严追。若店铺现在开设，不得立追本银，如此，则各行店铺可以暂保。再请将欠债律条酌改加重，倘将来各店铺有亏帐局借本者，照律严办，务为追还。如此，则各帐（局）财东亦可恃以无恐，而不必遽收。

又闻，现在典铺，多不肯当。即有当者，亦不过略应门面，百千之物不能当出十千，以致贫者益难为谋。应请并令各典铺财东，设法如常应当，不可关闭，则贫者尚有转移。

愚昧之见，是否有当，伏乞圣鉴训示。谨奏。

【附】

上谕：御史王茂荫奏，近日京城银钱帐局，立意收本，不肯借贷，以致各项店铺歇业居多。又典铺多不收当，贫民益难谋生等语。京师根本重地，必得商贾流通，方足以安民业。著步军统领、顺天府、五城剀切晓谕，凡挟赀经运之人，均各照常出纳，毋得故意刁难，致使贫民失业。至开典铺，原以便民。应如何设法开导，令其照常交易之处，妥筹办理。将此谕令知之。钦此。

部议呈缴铜器无济实用折

奏为禁令徒严，济用无补，恭折奏明请旨事：

伏查上年四月户部议奏禁铜，令京师铜铺嗣后不准制造五斤以上铜器，限一年内将已造者售卖，逾期查出入官。其不及五斤者，并官民已经买用者，不论。立法至为妥善。乃本年三月二十五日，户部又有告示，令官绅有铜器在三斤以上者呈缴。此独指官绅言也。三十日又有告示，禁铜铺造一斤以上铜器，限三个月呈缴，逾期查出严办。当此铜斤短绌之时，原应设法收铜，以资鼓铸。然似此甫届期年，法令迭更，何以示信？且铜器中有日用必须者，如民间之饭锅水壶，多在一斤以上，并此禁造，民用恐多不便。若不便民用而果能有济国用，抑犹有说，而无如其无济也。何则？

呈缴之事，官绅可能，铜铺必不能。手艺生涯，非有大资本者可比，必禁一斤以上，则能改者改之，不能改者匿之耳。生计所在，安能呈缴？倘限满竟无缴者，不知户部又当如何？挨铺搜查，想部臣断不出此。私造售卖，即日久仍安故常，名虽严禁，殆亦与禁烟等。是此令固徒悬也。今民情方甚惶惑，而徒悬一不行之令，使民惊疑，既已不可，且此令止禁京城，无论其不呈缴也，藉使呈缴，用亦无济。京城内外，铜铺合计不过数百家，每铺缴铜百斤，合计不过数万斤，户工两局月需数十万，其何以济？夫军需孔亟，用款浩繁，凡在臣工，同深焦急。但有济用之方，咸思竭力尽心，岂愿更生阻挠？然势既不行，而用又无济，则臣实不愿部臣之为之也。雍正四年，曾禁铜器矣。当时国家威令森严，民人奉法唯谨，然且有名无实，故乾隆元年即行停止。是此令虽能济用，亦属难行，况其本无济乎？然户部告示已行各衙门，臣在中城暂未张贴，各衙门恐难复收，唯有仰恳天恩，明降谕旨，著不必行，如捐举人、收铺税之例，立行停止。斯民皆欢欣鼓舞、称庆于道矣。

臣非徒阻部议而不为鼓铸计也，臣自正月即奏请拆热河珠源寺铜殿，以资鼓铸。其时部议如何，臣未得见。近见内务府议，有「核计拆运工价，所费不赀，且坐落蒙古地方，尤属观瞻所寄」等语。伏思当年建立铜庙之意，臣不能知，原不敢于妄议。若以为观瞻所寄，则所系似轻矣。至拆运工价，云南铜运，曾有因天津冻阻，陆运抵通之案。自津至通二百余里，运铜百万，不过销银二千两。热河去京四百里，较之天津抵通，不过加倍，似运脚不至过费。拆卸之工，则热河都统所属兵丁，除调拔外，当必尚多。该兵丁等本食钱粮，今再加以津贴，日常操练之余，使之出力拆卸，能拆得百斤者，给钱若干，既可熬炼气力，又复得所津贴，于兵丁亦无不利。闻铜殿广有三间，每间之大，过民房数倍，计其为铜，当不止千万。但得铜六百万斤，即可抵铜本银一百万两，若得铜两千万斤，即可抵银三百余万两，区区拆运之费，又何足论？此举一行，约可资户、工两局二、三年之用。较之搜刮商铜，似为得济。倘有以佛像为疑，则臣正月所奏已详，似可无虑。伏愿皇上宸衷内断，饬户部迅速办理，勿更迟疑，非独鼓铸有资，亦使商民安业。

是否有当，伏乞圣鉴训示。谨奏。

【附】

上谕：御史王茂荫奏，部议呈缴铜器无济局用一折，着户部再行妥议具奏。钦此。

解散胁从片

再，臣闻有被贼掳去逃回者，据称掳去之后，即以二十五人联为一伍，派两长发管带，但令抢掠自食，不给口粮。有逃去者，亦不甚追问。湖北掳胁之众，逃回现已大半。其派管带之长发贼，亦非真正粤匪，大抵多湖南人。其发不过留有数月，较凡人加长，并非如粤匪之长。其人亦甚欲逃，而恐以发长见杀，故不敢逃。拟请饬各统兵大臣，乘战胜之威，多写告示，射入城中。凡被掳胁之人，有能及早逃出者，即为护送回籍，免罹锋刃；有发虽长而非如粤逆之长者，亦许免死；有能杀一真长发贼来归者，除免死外，按首级加赏；有能杀其头目、以船来归者，格外重赏。如此遍告，则逃来者必众。逃来者众，令其中识字者多作伪札，为射城中，或招引同伴，或约时接应，以乱其军心。又闻贼中有花云布号幸生者，贵州人，有何文梁号芸生者，江苏人，为贼谋主。或作为信札，射入城中，许以封爵，令其杀贼来归，以乱其将心。军将心乱，则人日散而贼日孤。真长发贼不过数千，自不难于殄灭。唯逃来之中，亦宜严访有诈，必须收其器械，散其徒党，置之远地。想统兵大臣亦无不知也。谨附奏。

请饬江忠源瞿腾龙驰赴滁凤协剿折

奏为敬陈管见，恭折奏祈圣鉴事：

臣闻贼匪近日窜扰滁州、凤阳一带，此路可以直犯中原，关系非小。且闻向荣曾经有奏，唯此路恐有疏虞，江北统兵大臣何以全无防备？现闻有旨令周天爵、吕贤基带兵，该侍郎等固当益竭心力。然周天爵之力，足办土匪，恐未足破逆匪。吕贤基一介书生，久任京秩，于外省尚少经历，安能知兵？倘有偾事，虽重治其罪，如国事何？

现在文臣之能军者，唯闻湖北臬司江忠源兵略优长，多历战阵。前已奉旨赴向荣军营，近因广济民变，奉旨令俟剿办事竣，再赴军营。伏思民变总由州县之办理不善，以致激成事端。但能开诚晓谕，惩治为首之长，余民即可解散，与逆匪之轻重难易，迥不相同。现在即有未尽事宜，亦尽可交署提督阿勒经阿办理。且向荣老将，可无事乎江忠源。伏望饬江忠源，即行驰赴周天爵等一路，协力剿贼。

再，臣闻郧阳总兵瞿腾龙勇略过人，现在郧阳似非吃紧，应请饬瞿腾龙驰赴周天爵等军营，以资得力。

再，贼匪若趋凤阳，则与浦口相去几三百里，若于中间一带择要截其归路，则此一股可以悉数歼擒。

是否有当，伏乞皇上圣鉴。谨奏。

论滁州军事片

再，臣闻现窜滁、凤之贼不过数千，在金陵、扬州者尚多。若统兵大臣前往堵御，欲趋贼前，则势恐不及。且贼已过清流关，地势平衍，无险可扼，而贼之在金陵、扬州者陆续而来，尤恐堵御不尽。若攻贼之中，则贼之未过者不能过，而贼之已过者必回走，似亦致人之法。现访之滁州人，据称滁州若失，自滁州之东进兵而西，能径攻滁州，则善矣。或贼多难攻，或贼已守城，而我兵攻其清流关之险，宜于滁州东郊至沙河集，循白米山之麓，西南至清流关，此东路循滁北而西攻者也。若能由三界集至明光集，约淮北大兵同时并举，淮北之兵，由珠龙桥攻关之西北，滁东之兵由滁北循山麓以攻关之东南，则关可复。关复，则凤阳之贼与江阳之贼隔绝不通，在凤阳者既易灭，而从此合攻江宁，亦不难矣。臣既有闻，不敢隐默。谨奏。

请饬浙抚无庸防守昱岭关片

再，臣闻浙抚以兵二百名守昌化之昱岭关，该处名为浙与安徽交界之所，实与徽之歙县交界，去臣居仅四十里。逆贼现在安省江北，与徽尚不相及，安能遽由此入浙？且该处昌化、於潜一带，地瘠民贫，匪人虽不能无，然未闻如庐、凤之百十为群者，唯逃兵难民偶由此过，容或有之。应请饬该抚，令地方官立法以拿土匪之借端肆抢，悬赏以缉游匪之逃窜潜踪。凡各乡镇村党，遍张晓谕，土匪滋事，令该祠族保正能捆送者，即行捆送。不能者，即请严拿。一经拿获，立即重处。遇有外来形迹可疑之人，令各处旅店严行盘诘来历，稍涉含糊，即行送官审讯。或系奸宄，或系逃匪，审明照格重赏。倘有逃兵成群肆行抢劫者，遵旨格杀勿论。如此办理，即土匪不敢起，游匪不敢至，幸无庸以兵防守，徒糜粮饷，或且更滋扰害也。若谓万一有事，不可不防，则此二百兵，亦不过一走耳，安能有益？安省徽、宁两府情形，与此大略相似。臣上年十月曾经陈奏，未奉谕旨。应请饬安抚一并转饬照办。至各省防守，如浙之防昱岭关者，恐复不少，请饬各该抚详查撤销，以节糜费，实为幸甚。谨奏。

王侍郎奏议卷四

关闭钱铺请展追限折

奏为关闭钱铺、请暂展追限，以恤商而利民，恭折奏明请旨事：

窃照本年二月，关闭钱铺甚多。定例：钱铺闭门，即将该铺户押追，勒限两个月，能将银钱全数开发者免罪。若逾限不完，送部照诓骗财物律计赃，准窃盗论。一百二十两以上，发附近充军。盖钱铺兑换现银票、存钱文，与借欠不同，故定罪从严也。然一定罪之后，即不复追。故关闭钱铺到案，有力求宽限交钱，不愿送部者。亦有不求立限交钱，但愿送部者。其不愿送部者，盖其亏本无多，第因一时取钱拥挤，猝不及应，不得已而关闭者也。其但愿送部者，则其亏已有素，或早将银钱藏匿，或倒填年月立契，预行买人顶亏，有意于关闭者也。夫不愿送部，则其意尚在交钱；而但愿送部，则其意甚畏追钱。本年自银帐局收银不放，各行买卖转运多艰，不独借贷骤难应手，即收债变产亦难克期。若两月限满，即行送部，在该商之不欲负人，有意复开者，或以限迫而罹刑章，不得遂其交钱之愿，其情既多可悯，而奸商之有意藏匿，拌充数年之近军，以图终身之厚殖者，转得遂其不交钱之愿，其情尤为可恶。

民人持票，但愿钱铺之发钱，不愿钱铺之治罪。若钱铺之治罪者多，即钱票之受亏者益众。相应请旨，饬步军统领、五城，凡关闭钱铺，两月限满交钱不足者，准其展限四个月，勒令设法交钱。即有已送部者，亦仍发还勒追。倘限满仍不能还，再行送部治罪。似可使本分商民，得以从容设措，而奸狡商民，不得便其私图。钱铺多交一分，即民人亦无不利。

再闻钱铺经部定发配以后，更不交钱，而例有交钱仍准释回之文。各衙门将该铺先缴之钱存积，以待续缴，不遽开发，以至悬宕数年，票多成废。应请并饬刑部，将勒追无交之铺户定罪后，即行知各衙门，将缴存钱文并各货物变卖，按所亏票数均匀摊发，以免久延。

是否有当，伏乞皇上圣鉴。谨奏。

【附】上谕：太常寺少卿王茂荫奏，关闭钱铺，请暂展追限一折，着步军统领衙门、巡城御史体察情形，酌核办理。钦此。

请饬夏家泰赴近畿办团折

奏为访闻京员熟悉团练情形，拟请旨饬赴近畿一带，试行督办，以资防御，恭折奏祈圣鉴事：

窃自各省办理防剿以来，迭奉谕旨，令民间自为团练，联村筑堡，互相守御。而近畿一带，克期兴筑者，甚属寥寥。此非奉行之不力，实由于各乡绅耆仅以空言劝谕，并无熟手经理。其于练勇之法，御贼之方，碉堡之足恃者何在，贼匪之不足畏者何在，未能剀切晓谕，则无以取信于民。未曾身历其事，办有成效，亦不能剀切晓谕也。臣等闻湖南夏姓居乡团练，筑堡自卫，上年粤匪窜湖南，曾资捍御，心窃识之。本年二月，吏部候补主事夏家泰曾上团练十八则，维时贼氛尚远，而近畿一带未经议及。近来贼扰河南，筹防孔亟。又见该员偕其兄举人夏家鼎拟有团练六条。臣等详看，所议于畿内设立百堡，俾家自为守，人自为战，节节抵御，处处防维。若果如此办理，加以官兵剿办，贼自断不能近。且闻贼之在滁、凤也，闻庐州有团练而不敢犯，闻宿州有团练而亦不敢犯，是团练实为贼之所畏。果能团练有成，贼即断不敢来。以此环卫京城，真所谓「不战而屈人之兵」。国家有磐石之安，闾阎无抢掠之患，似为至上之策。统计筑立百堡，需费甚巨，当此支绌之时，原未可以轻议。然筑堡既成，则有兵之利，无兵之费，可以一劳永逸，视征调防堵所省不止数倍。贼势一日未平，即防堵一日难撤，似未可惜目前之费，而不为久计。该员兄弟数人在籍，以团练杀贼，湖南人皆能言之。是该员等曾经办有成效，尤应可信。唯南北殊方，地利夷险不同，物力贵贱亦异，且数被贼扰，与未被贼扰之民情，其劝谕亦有难易。该员所拟各条，能合与否，其费能省与否，必须试办数处，方可酌定章程。窃思近日人情，畏葸退缩者多，勇往任事者少；指陈利弊者多，曾经阅历者少。该员兄弟于筑堡剿贼事宜，留心讲求，曾经身历，而现在近畿一带又应亟行团练，以资捍卫，若非有人倡率，未免相顾因循。

拟请旨饬将吏部候补主事夏家泰，及伊兄举人景山官学教习夏家鼎，交兼管顺天府大臣，饬令会同地方官，试行团练。先赴城外大村镇，邀集绅耆，力为劝谕，使民深信不疑。踊跃听从者，已有数处，即行给发官项，制备器械，明定章程，办理团练。俟团练得有一二十处，再行酌量地方情形，浚濠筑堡，由近及远，渐次举行。倘能练得百团，则堡寨虽有未完，亦足以资防御。再能筑得百堡，则闾阎得所凭藉，尤足以安民心。若行之或有窒碍，仍可随时察核办理。斯䇲项不敢虚糜，工力均归实用矣。谨将该员所拟团练六条，抄录恭呈御览。

是否有当，伏乞圣鉴训示。谨奏。

请将叶灿华邹培经交兼尹派委片

再：近来言团练者，又有内阁中书叶灿华所作「防御论」一篇，语语切实。该员系广西人，似从亲身经历中来。如蒙允准，近畿试行团练，该员似可并交兼管顺天府大臣，一同派办。

又：现任直隶巨鹿县知县邹培经，道光二十一、二年间，在西城指挥任内，拿获要案重犯极多。但有奉旨交拿之犯，无不如期而获。迭蒙宣宗成皇帝优加议叙，均有案可查。如将该员调任京县，访拿奸细，必能得力。可否请旨交兼管顺天府大臣酌量调任。伏候圣裁。谨奏。

【附】

上谕：太仆寺卿王茂荫、给事中雷维翰奏京员熟悉团练，请饬赴近畿，以资防御一折，吏部候补主事夏家泰、举人夏家鼎、内阁中书叶灿华，均着发往直隶，交桂良差遣委用。夏家泰所呈团练各条，并着桂良体察地方情形酌办。直隶巨鹿县知县邹培经，着来京交顺天府差委。钦此。

折片误字自请议处折

奏为折片字有错误，敬谨检举，请旨交部议处事：

窃臣等于六月初五日，奏请办理近畿团练折片内，将内阁中书叶灿章「章」字误写「华」字，当时未经看出，实属疏忽，理合检举，请旨更正，并将臣等交部议处。伏乞皇上圣鉴。谨奏。

【附】

朱批：王茂荫等著照例议处，该部知道。钦此。

论怀庆兵事折

奏为敬陈管见，恭折密奏，仰祈圣鉴事：

窃臣闻三军之命，系于一将。将得其人，则军用命；不得其人，则军不用命，故行军必以选将为先。国家简贤任能，岂不欲得人而任。然而承平日久，军旅之事，在群臣既多未学，行阵之际，非历试亦无由知。能者固难期，不能者亦难辨。军兴数载，贼氛日炽，皆由将未得人故也。乃今将帅之能，抑若有可辨者。闻怀庆剿贼之兵四路，独胜保立营拒贼仅数里，余皆驻二、三十里外，是其勇怯已见。胜保所报胜仗，皆属进攻，非他路贼至始出，名胜实败，武弁一伤十二员之比。且所报情形，调度瞭然明白，非他路遥放枪炮，粉饰支离，令人难解之比。是胜保之能军又可见。今粤贼皆百战之余，敢以孤军深入险阻，攻城不克，环立十余营，以战则分头邀截，以守则联络相应，贼中固有能者。然我军若四路并进，或邀其前，或截其后，或捣其中，使贼之连营不能相顾，似不难一战而破，数战而灭。乃兵虽四路，相持月余，独胜保屡次进攻，而他路之兵，但能饰词报捷，不能出力协剿。即如近日，胜保获胜，在初六日，东北、正东二股，仅托明阿、善禄本营之人，其余三营未闻相助。恩华虽亦奏获胜，战而在初八日，其初六初七等日，不过带说擒斩数十名。所称丹河南岸，不知距贼若干里，距胜保战处若干里，施放枪炮，竟为胜保所不闻，则其远可知矣。查胜保初六之胜，颇为调度得手。若恩华于是日，督令大队会齐进剿，似足大破贼营，而惜乎施放枪炮，仅在丹河南岸也；而惜乎李僡一军，更不知其何在也。胜保进，而诸军不前；胜保战，而诸军不动；胜保胜，而诸军不知鼓舞，亦安用诸军为耶？再查恩华初八之胜，令兵过河烧贼所驻民房，是其房并无贼也。隔河施放枪炮火箭打入贼垒，是其时不见贼也。过河者为兵丁，隔河者为游击；是游击已不敢过河，而他更无论也。烧毁木城数丈，贼匪突出百余人，是此时乃见贼，而贼固无多也。贼匪直扑我军，跃马当先，乃一外委，则其余可想矣。此时不放枪炮，是枪炮于未见贼时已先放尽，又可想矣。夫无论恩华督令各营出战，其兵当有数千，以数千兵遇百余贼，若挥军围之，则贼必尽。若以一军绕其后，乘烧毁数丈之处，以攻其城，则贼可破。而皆不问，是其军无主持，是其将多畏缩也。本营打仗如此，而他营之不相闻更可想矣。夫人各有能有不能，所能者不可没，所不能者原不可强。然为巨室必使工师，治玉必使玉人，况军旅大事，安得不任能者！军中得一能人，未必即足济事；而任一不能人，则必足以误事。各路统兵情形如此。总统如讷尔经额远贼百里，接仗情形尚未得见，安能临机决胜乎？夫兵谓之机，临机应变，盖有间不容发者，是殆非远隔百里所能知也。且贼计百出，不乘其计之未定，协力扑灭，坐事迁延，事机必且又变。方今能者不易得，若得之而不用，用之而不使各路之兵皆为所用，则必不济；用而不能统全局而大胜大破之，终亦与不用等。幸得一胜保，能既已见，用即宜专。伏望特旨，命恩华与胜保合为一军。恩华为宗室懿亲，必有推贤让能之美，而无嫉贤妒能之心，胜保有功即皆恩华之功。其总统讷尔经额，但令遥作声援，不必勉强轻动。而其所带弁兵与各路弁兵，均饬听胜保调遣，有畏缩者许以军法从事。庶可克期并举，四面进攻矣。贼在怀庆，如在肘腋，一日不灭，北方一日不安。不独各路进剿之兵其费难计，即京师与直隶东西各省防堵之费，亦甚难计。择能而使，行军胜负之机，即天下安危之机。破此一股，然后可及他股。伏祈皇上立奋乾断，勿更瞻顾周旋。军机大臣祁寯藻忠荩有余，刚断不足，语言唯恐伤人，知胜保之能，亦未必即敢力言。用人大柄，专赖宸裁，天下幸甚。

臣愚昧之衷，但有所见，不敢隐默，谨缮折密奏，伏乞圣鉴训示。谨奏。

请宽贷贼中逃出难民折

奏为贼中逃出难民，请从宽贷，以符恩旨而解胁从，恭折奏祈圣鉴事：

臣伏读本年正月初八日恩旨：「被胁之民不从，则先死于贼；从之，则又死于兵。颛愚何知，自罹陷阱。古人有云：『歼厥渠魁，胁从罔治』。朕仰体上天好生之仁，何忍概行诛戮！如有被贼裹胁，自拔来归者，不妨贷其一死。等因，钦此。」又读六月初七日恩旨：「从前被胁之徒，但能改过自新，亦可同邀宽典。各该大臣、将军、督抚等，即刊刻誊黄，遍行晓谕，咸使闻知。等因，钦此。」仰见皇上帱载同量，矜恤无辜之难民，亦已至矣。乃近闻步军统领衙门，拿获贼营逃回军犯孙东儿一案，经刑部讯明，孙东儿籍隶宛平，于元年行窃犯案，拟军刺发浙江安置。本年三月初二日，孙东儿因配所穷苦，乘间脱逃，沿途求食，四月十九日，走至临淮关附近之二十里铺，遇贼匪千余蹿至，孙东儿腿生疮疥，行走迟慢，被贼追获，逼令跟随服役，不允即行杀害。孙东儿畏惧应允，随入贼营，给伊红巾裹头，衣服前后各钉黄边红布一方，更名孙玉幅，给带腰牌，派令在屋煮饭，不准出门。二十八日四更时分，贼匪欲窜汴梁，令孙东儿背负白米、雨伞等物，随同起身。维时天色昏黑，人多杂乱，即乘间逃出，避至河边，将红巾等物撩弃，仍沿途求乞，于六月初三日到京，初八日被官役访获。该部再三研讯，知非甘心从贼，已属可信。因拟照谋叛案内，被胁入伙，并无随同抗拒官兵情事，改发新疆，给官兵为奴例，从重发黑龙江给披甲人为奴，到配再加枷号三个月，以示惩儆，仍照刺字完案。

伏思本年恩旨叠降，皆为胁从可矜，特施法外之仁。所谓胁从者，盖被胁而久经从贼之人也。

此案孙东儿以窃犯在配逃走，自属有罪。然核其遇贼被胁煮饭，不准出门，迨贼窜汴梁，即乘天黑人杂逃出，行乞还京。是其被胁煮饭之时，已刻刻存一欲逃之志，虽在贼营九日，并无从贼之心。且贼中煮饭，日可饱餐，乃不甘从逆，而甘行乞，其情可悯，其志尤属可嘉，直可谓之胁而未从。刑部办理此案，似宜将贼营逃回一层，谨遵恩旨宽贷，但照逃军加等定拟，声明请旨。以臣意度，皇上虽因逃军例应加等，必且念其不甘从逆，行乞归来之可矜，恩施格外，稍从末减。乃刑部未将恩旨声叙，遽照谋叛入伙，从重科断，似已未协。夫穷民遇贼，非其罪也。力不能拒，势无可逃，此正恩旨所谓不从则先死于贼也。彼未读书入仕者，安能责以抗节而死？但能不甘从逆，乘间即逃，斯其意中知有国家，知有王法，已可宽贷。若复律以谋叛入伙，是使遇贼被胁之难民，更无可还之路也；是使现在贼营之难民，益坚从贼之心也。且闻金陵、扬州解散两湖胁从之难民，不啻万千，将一一律以此法乎？抑不律以此法乎？现在怀庆军营于贼中胁从，方当招抚之不暇，刑部如此办理，尤属非宜。若以为拘于成例，独不思显违恩旨乎？伏乞皇上饬刑部，将此案即行改议，以符恩旨。

再：昨日又见北城奏，获贼营逃回之淳于银子一案，闻其案与孙东儿略同，而多随贼打仗，杀伤官兵一层。将来刑部势必以曾经杀伤官兵，从重拟斩。不知曾经杀伤官兵，乃所谓胁从也。愚民为贼所胁，驱以婴锋镝于前，而操利刃随其后，其势如箭在弦上，不能自主。但能乘间逃归，即属自知悔罪，正恩旨所谓改过自新，可邀宽典者。应请饬下刑部均遵恩旨办理，不必于胁从之中，论其是否杀人。但当于到京之后，察其是否奸细。如是奸细，虽未经杀人，亦当杀。如非奸细，虽曾杀人，亦可宽。夫贼营逃回一二人，臣岂有意力为出脱？第思罪一二人之事小，阻千万逃归之心，则所系甚大。故非独大辟重罪不可问，即徒流以下，亦不可加。一加之罪，即非胁从罔治之义，即非恩旨宽贷之意矣。盖刊刻誊黄，咸使闻知者，招之使归也。若来归而又罪之，其何以信天下？且此逃归之人，若为贼所追获，贼必杀以戒逃者。今幸贼未获，而我乃获而杀之，是为贼戒逃也。贼闻知必且大快，曰：「某也归，今杀矣，尔等有欲归者！」听闻者必不敢归，贼反可借此以示恩矣。杀一人而足以寒贼胆者，则必杀，如王孝之爬城是也。杀一人而足以快贼心者，则必不可杀，如孙东儿等之逃归是也。所贵能杀贼者，杀贼中未来之人耳。已来，则所谓既入其苙矣，又何罪为？或谓人来贼营，难保无受贼指使，暗作奸细情事，虽不宜加罪，似不可不拿。不知贼之裹胁徒众，不过以供驱使，挡枪炮耳，岂遽任以腹心耶！奸细秘密，必其信任之人，裹胁者安得与闻？安能代做？虽人自贼营逃回，在地方官既所闻，不能不问，然此时所重，唯在奸细一层。贼自凤阳以至怀庆，沿途裹胁，不知凡几，得闻恩旨，将来陆续逃回乡里人等，正恐不少。若皆一一拿交刑部，未免多滋扰累，非恩旨特降本意。应请饬下步军统领、顺天府、五城，将前奏恩旨重行宣布，出示晓谕，凡有在京商民人等，因事出外，被贼掳胁，旋即回者，准其自行呈明，邀同亲族，出具不甘从逆、不做奸细、如违连坐切结，免其拿问。即有未行呈明致被拿获者，但有亲族敢为出结，即可释放。仍责保甲人等留心访察，如照常各执生业，毋许扰累。如此办理，斯恩旨允孚，而贼中被胁之徒，咸愿逃归矣。

臣愚昧之见，伏乞圣鉴训示。谨奏。

申论怀庆兵事片

再：臣于本月二十日因上封奏，荷蒙召见，谕知一切，仰见圣明洞鉴千里，如在目前，庙算无遗，决胜自易。臣实不胜钦服。唯四路进攻一层，臣退归寻思，尚有欲行上陈者。

臣质性至愚，本不知兵。窃尝以作文之法推之，凡文之前后，起伏照应，奇正相生，虚实相间，必以一意行之，而后卷舒能一气。若以数人分段为之，即不相联贯，不能成文。用兵之道，殆亦如是。如一人通筹全局，某处宜先攻，某处宜后攻，必应先有分别。迨意中注定宜攻之处，或先从攻处入手，或不从攻处入手，而转从不必攻处入手，又必先有成谋。至定何处入手矣，何处宜埋伏，何处宜照应，以至奇正虚实之处，莫不各有其宜。此未战之先，所谓谋定而动者，已应如此。至出战而后临机应变，出奇无穷，则尤所谓运用之妙，存乎一心。若兵归各路，不由一人调度，虽约定期日，同时进攻，如文之篇幅相联，而意势不相联，终不足以成文。故扎营不妨分各处，进兵不妨分各路，而调度必须归一人，方足以期得心应手。

伏见二十四日谕旨内讷尔经额、恩华所奏获胜情形，业已各路会合，仍未破一贼营，未见十分得力。且闻河南人言，官兵多不打仗，专守清化镇。清化固属紧要，然能剿贼，则清化自无贼来；不能剿贼，则清化亦岂能守！闻清化距丹河二十里，兵行二十里而战，则足力疲而人亦全乏，得力自难。且丹河距怀庆又二十里，贼营紧绕城外，恐丹河未能望见，勉强至此，似属无益。现在怀庆城内粮已将尽，急不可言。若不迅速解围，势将难保。况闻山陕巡抚均非能军之才，多不足恃。怀庆稍有疏虞，西北各省恐不可问。想圣心自有主裁，而臣实不胜过虑。谨将愚昧之见，附片密陈，伏乞圣鉴。谨奏。

再请宽贷胁从以信恩旨折

奏为请宽胁从，再行渎奏，恭折仰祈圣鉴事：

臣闻人主能听言，而不能使臣之必言，不可谓真能听言之主；人臣能进言而不能致君之必听其言，不可谓真能进言之臣。臣于上月二十八日，奏「贼中逃回难民，请从宽贷，以符恩旨」一折，迄今数日，未奉谕旨，中心惶迫，夙夜难安。伏念贼营胁从难民，本年自正月以来，叠奉恩旨，许以自拔来归，均从宽贷。今遇贼中被胁逃回之人，复拿交刑部治罪，是使恩旨不信于天下矣。夫信，国之宝也，民无信不立。圣人虽至去食、去兵，而终不敢去信。以皇上之圣明，岂不知此！想圣意固自有在。或俟淳于银子案，刑部议奏再行加恩；或以贼中逃回之人，究难保无奸细，虽臣折前曾申辨，尚有未能释然于圣心者。臣思刑部审办一案，类须经月。若使案定，则孙东儿之发遣已远，而淳于银子之受刑已多，虽再加以恩施，似仍未符恩旨。若以此中难免奸细，则臣窃谓可以无虑。臣前折特详贼情，断其必不信任。今请更徵往事，亦觉自来未闻。

伏读川楚案内嘉庆四年仁宗睿皇帝谕旨：「唯是教匪迫胁良民，及遇官兵又驱为前行，以膊锋镝，甚至翦发刺面，以防其逃遁，小民进退皆死，朕日夜痛之。其宣谕各路贼中被胁之人，有能缚献贼首者，不唯宥罪，兼可邀恩。否则临阵投出，或自能逃散，亦必释回乡里，俾安生业。难民无田庐可归者，勒保即督同刘清熟筹安置，如何资送还农，如何编丁占籍，相度经理。并先遍谕川、陕、楚、豫地方，使咸知朕意。等因，钦此。」又奉谕旨：「教匪奔窜数省，啸聚十余万，大半附和胁从，断无邪教如此之众。盖从教之与从逆，情罪轻重殊科。其邪教，本律除倡首传徒之犯例应斩决外，余止递减流徒。至其焚香奉佛，持斋诵经，尤律所不禁。乃州县吏借查邪教为利薮，任胥役之吓诈，以一人累多人，以一案牵多案。公差四出，暮夜捕人，几与查办叛逆无异。自后查办邪教，其投出难民回籍之后，不得动以川楚邪党妄行处治。等因，钦此。」臣窃思之，夫所谓「临阵投出」之人，非自行逃回者比也。至投出回籍之后，而犹焚香奉佛，持斋诵经，则尤可疑。此中岂能保无奸细，而当日安置之、资送之，禁不得查办处治，如此皆见于圣谕者。又：嘉庆元年，川督破龙山之贼于旗鼓寨，将投出三千余人，诱入城坑之。四年七月事觉，仁宗睿皇帝以教匪强半胁从，何以终不就抚，闻湖北杀旗鼓寨降人邀功，谅各路若此者多，坚贼党从逆之心，失朝廷招抚之信，命将川督褫职逮治。又嘉庆六年，副将萧福禄剿贼渭北，生擒一千二百余人。时山上多胁从难民，萧福禄不宣谕招宥，即围攻歼之。诏尽释所俘千余人，降萧福禄参将。时渭北久旱，诏至即雨。

臣又窃思之，贼中降人必为攻剿所迫，势无可逃而后降者，此与自行逃回，已属不可同语。至生擒者，则并降意无之，其为奸细尤属可虑。乃当日于杀降者逮治之，于生擒者尽释之，初不虑其为奸细也，而亦不闻其为奸细也，而尽释之。恩诏一颁，久旱之甘霖立降，天人交感如此其速也，是则贼营逃回之不能为奸细，已可无疑。方今逆贼披猖，到处蹂躏，各省大吏不足恃，各路将帅不足恃，各营兵力均不足恃，所恃者，列圣之深仁厚泽，久深入于民心，皇上之爱民如子，又固结乎民心，民心实服我国家也。然而数年以来，民苦于贼，又苦于水，又苦于贪黩之地方官。兼之兵马之过境，不能不资于民；团练之经费，不能不出于民；军饷之捐输，不能不借于民。所以固民心，独赖皇上恩旨叠颁，读者咸知感颂皇仁耳。若恩旨有不信，民心其尚可固乎？民心不固，天心其尚可恃乎？臣愚伏愿皇上，敬天法祖，前以祈谷坛大祀，恩旨特颁；今当社稷坛大祀，再将恩旨重行宣布，将孙东儿、淳于银子不待刑部定拟，立行改释。臣知必万姓欢呼，天心感应，逆贼可计日灭矣。释一二人之事虽小，而所关甚大。谨竭愚忱，再行渎奏，伏乞圣鉴训示。干冒宸严，罪无可逭，然受恩深重，不敢逃避，臣无任战栗待命之至。谨奏。

论扬州兵事片

再，臣恩自七月来，扬州叠报胜仗，似为可喜。唯查所报获胜情形，类皆由贼之出，力行抵御。计自六月二十七日起，至七月二十三日止，如所称贼匪窜出某门，经官兵击退；某门内突出贼匪，经官兵迎击；或称某门某地有贼缒下者，约近十次，而其贼或数人、或数十人、或数百人、千人不等。观贼零星陆续，作为窜逸之势，殆故为此以尝我，欲使我见所出之不多，屡出之不果，而懈不为备。抑或故为多方以乱我，使不知其意之所向，均未可定。贼情诡谲，自三月后，并未大受惩创，未必穷蹙思逃。贼果欲逃，必有声东击西、明修暗渡情事，当非似此光景。恐系蓄养已久，另有奸谋，伺我之隙而出。若统兵大臣狃于所见，将来一旦大肆闯出，恐不能御。应请饬各统兵大臣，细察情形，以揣贼计之所出，早为筹防。至贼出虽不知其期，计终必出。贼出必及安徽，安省江北有防，而江南无防。沿江一带如芜湖、鲁港、荻港以及池州所属各要隘，并无一兵一勇防守，若被贼窜，又将蔓延难收。且浙江、苏、常亦多有路径，可通南北两岸。必处处设防，原有所难；况兵分力单，防亦无益。宜令该地方官，竭力设守。再于水陆两路，各派一智勇之将，管带数千兵，作为游兵，往来侦探，专伺贼之所向，飞行截击，水陆协剿。有此两路截击之兵，可冀得力，斯各处防守之兵，亦敢出力。应请并饬各统兵大臣，妥筹办理，实为幸甚。谨附奏。

请将叶如章桂清佟攀梅发交军营差遣片

再，臣见内阁学士胜保，屡因军营差委乏人请员。臣于六月所保试办团练之内阁中书叶如章，初本不识其人，但见其《防御论》，似多身亲阅历之语，访知为广西人，意其于团练必曾亲历，是以保其试办。自奉旨发往直隶后，曾与该员见过数次，询以在广西乡间情形，据称当办团练时，屡与接仗。因该处知县与为同心，颇多获胜，言及行间军务一切，似颇习谙。现闻保定于团练一事，尚无办理章程，该员在彼月余，殊无所事。

又，新授安徽宁池太广道桂清，前奉旨交讷尔经额差委。现怀庆围解，北兵可撤，可否请旨将该二员交胜保，带赴江南以资差委，伏乞圣裁。

又，闻有已革参将佟攀梅，汉军旗人，戊戌科一甲二名武进士，武艺优长，箭射尤准，随赛尚阿赴广西，曾以军功赏戴花翎。因与乌兰泰意见不合，被参革职，现在广西未回。广西贼匪原未净尽，请饬该抚查看，如该省不用，似可令赴江西，交江忠源差委。有用之材，弃置似为可惜。谨附奏。

请将察哈尔调到兵马资送回牧片

再，臣闻前调察哈尔兵马到京时，由城外赴南苑，人争趋看，见其兵丁多形怯弱，马匹亦瘦，且兵在马上，间有控鞍，若唯恐坠者，间有竟坠下者。此种兵马似仅可壮声威，难济实用。现所调马五千匹，臣在衙门见已报倒毙一千二百五十余匹，蹄腿受病，不能乘骑者又六百匹。兵丁病故者，虽未得确数，然闻亦不少。水土不习，殊堪悯恻。现在怀庆围解，似可善刀而藏，且省縻费。应请乘此即行饬令早为资送回牧，保全实多。谨奏。

王侍郎奏议卷五

请饬拿办昱岭关等处土匪折

奏为请遏土匪之萌，恭折奏闻请旨事：

窃臣于四月二十三日，因闻浙抚以兵二百名守昌化之昱岭关，其地去臣居四十里，曾附片奏陈。该处名为浙与安省交界之所，实与徽之歙县交界。逆贼在安省江北，不能遽由此路入浙。且该处昌化、于潜一带，地瘠民淳，匪徒虽不能无，然未闻如庐、凤百十为群之事。请饬该抚，令地方官立法以拿土匪，悬赏以辑游匪，无庸以兵防守，虚糜饷项。讵本月十七日接到家信，称：七月初九日，有杭州信足五人，带洋钱信物三担，于午未间行过昱岭关里许，突见山林中跳出匪徒十余人，持刀截阻，刀伤二人，将担劫去。该信足等奔十余里，至老竹岭脚村庄，鸣保喊救。该村邀集多人，寻踪追捕。当日傍晚，即于穷崖绝壑中，拿获匪徒六人。次日早间，该处附近百丈崖下，有匪二人，一已跌毙，一伤而未毙，逃往昌化之都亭。地方当时将拿获六人，送县究办。供出此案共十三人，党与共有二十余人，多系邻近县匪徒。现来三十余人，分为两班，一班在昌化临安县地方，一班在昱岭左近地方，均做小本营生，使人不疑。臣见信不胜骇异，伏思该处为由杭入徽咽喉之地，竟有匪徒潜聚，图谋截劫，白昼肆行，实属从来未有。若不趁此初起，将获案之匪，根究党与姓名地址，全行拿获，将来必致愈聚愈多，不可扑灭。徽人全赖出入谋食，倘归路不通，即全郡待毙。现闻江西之贼，分窜饶州、乐平，紧逼徽界，与前此情形不同。若两省地方官，因臣奏逆贼不由此路，遂连土匪亦置不问，则臣不但有误国家，并且贻害乡里，臣之负罪实重。伏乞皇上严饬安徽、浙江各巡抚，转饬各该府县，将此百余土匪悉数捕治，以遏其萌。其捕除之法，贵用土人，即如现在之案，亦赖土人赶紧追捕，立即拿获。若俟差役捕治，则旷日持久，匪已远飏。且该处多山深石陡，人迹罕到之处，差役断不能到。应请饬各该抚，令该地方官，无庸官兵，无庸官役，但将三月十四日所奉「捕获抢劫土匪，即行正法，绅民合力缉拿，格杀勿论」之谕旨，于土匪出没之处，广行宣布，重立赏格，令该处附近村庄，有能捕获者，照格重赏，期以必信。如此，则土人必出力搜捕，而匪不敢停，可以截匪之流。至现案供出有姓名住址之伙党，即责令该匪等所居地方之祠族立限交人，期以必获。如此，则各地方一有匪类，必即送官究治，而匪不敢出，可以清匪之源。该地方果能照此办理，不但土匪可清，即逆匪勾结之弊亦可以杜。各县办理得力者，即行奏请奖励。臣为情迫乡里，激切上陈，伏乞皇上圣鉴训示。谨奏。

请饬徽州知府驰赴婺源防堵片

再，臣闻现在江西逆贼，窜扰饶州、乐平等处，该处与徽州之婺源、祁门紧相连接。徽处万山之中，四面交界之处，多有崇山峻岭、天险可守。守徽州与他郡不同，他郡务在守城垣，徽州务在守边界。边界守得住，全郡可保；若边界不守，全郡即将糜烂。城垣卑薄，亦断无能保之法。本年自春以来，臣叠以此意致在籍绅士，江西有警，务请本府赴婺源、祁门督办团练防御。乃至今仅闻休、祁两县竭力设防，而婺源无闻，知府亦未曾到祁、婺等处。若知府坐守府城，置边界要隘于不问，将来势必不保。相应请旨饬安抚飞札该府，驰往婺源力办防堵，实为幸甚。谨附片奏。

请饬山陕统兵各员逼剿片

再，臣伏读上谕，知胜保已绕出贼前，可以扼贼北窜。唯恩华等督领大兵，虽云计日可到，究未知在何日。若稍事迁延，平阳城大而固，设贼匪布置周密，势又难以攻破。兵贵神速，伏乞皇上严限诸将以必到之日。到即与胜保等合力围攻，勿更似怀庆之远驻隔河四十里外，实为至急。至贼在怀庆，人人知其必窜山西，以西路虚，而哈芬不足恃也。今大兵率由东、南两路追剿，或绕向北路迎截，必无暇计及西堵。陕省为富厚之区，亦形胜之地，其毗连山西之各关各渡，处处可通，分兵设防，不如扼要堵截。盖兵分愈单，名为无处不防，必至无处能守。若聚各防兵以扼其要，则兵力既足以守，而余处亦无庸防。闻陕督驻扎陕西，距贼固属甚远，即桂明驻守潼关，亦未得力。潼关之上，为大庆关等处，地势平衍，无险可扼。虽经张祥河派委道府带兵往守，桂明亦分兵协防，但延袤几三百里，断难节节堵御。唯有过河扼其来路，则沿河一带皆可无虞。且令贼知平阳西路驻有大兵，必不敢觊觎秦蜀。相应请饬令舒兴阿，移驻山、陕交界近地，如蒲州等处，即入陕之咽喉。并令桂明过河扎营，作背水阵，为有进无退之计，则贼匪闻而胆落。并望饬下纳尔经额，速调官兵防守平阳西路，毋令再蹈怀庆之辙，方可一鼓歼除。自来各省言防守者，紧要之地不过派委员弁，兵卒无多。其大员率拥兵驻扎远处，为藏身之固，以致贼到即破。此时各路防守大员，务令逼紧驻扎，既可大壮军威，尤便相机协剿。若有以离贼远处为必宜守者，即系饰辞以遂其畏缩之情。各省故智必不可许，自更难逃圣鉴。

再，闻怀庆贼之窜垣曲，并非一日，未败之先，早已零星陆续而行。故贼窜时不见多，一入山西境即见多也。现在山、陕交界各关津渡口，务令严密盘查，非其地者，勿使混过防守。各兵亦宜时出巡哨，以缉游匪与败逃之匪，并侦探消息，乘机出力，以图进攻，毋徒安坐不动，实为幸甚。至贼匪屡见坐黄轿之头目，恐其有诈，或故为此，诱我兵争往兜围，而真头目反乘间逸去，似亦不可不虑。贼情叵测，即兵丁争抢旗帜器械，以图报功，亦恐非行军所宜，想统兵各大员谅皆筹及。臣愚昧之衷，偶有闻见，敬以上陈，伏乞皇上圣鉴。谨奏。

请饬广东选派师船入江会剿片

再，臣闻江南省城久未攻复之故，实由于水师无兵无船，不能制之于江面。自金陵达江西，长江千里，贼艇往来任意，沿江各郡恣其蹂躏，粮以抢掠而不断，众以裹胁而愈多，悉由于此。此时若造船御敌，恐需时日。邻近如浙江水师，最为软弱，亦复无船可借；闽洋现值有事之时，唯广东水师二万余名，历年操练，捕盗打仗，最为得力，船勇亦多骁健，善战于水面，剿贼最宜。合无仰恳天恩，饬下广东督抚臣，迅调水师官兵三千名，多带洋炮大炮，配足火药铅丸军械，简派得力之水师将弁管带，迅由海道吴淞、福山各口，会赴江南合剿。其师船不能入江，即将前此向荣大营请调之广东拖船快蟹红单等船，驶入长江应用。各船有迟滞未经起程者，催令迅即出洋；有船小不能出洋者，令水师船只带往；有中途逗留者，令沿海督抚飞提严催。尤祈谕知广东督抚臣，不分畛域，毋得借词推诿，总期速赴大江，将贼船尽数轰击焚毁。则江南江北两岸之贼，不能互相援应，而江西、安徽境上之贼船，归路亦断，势必如鸟兽散矣。旷日持久而费不支，不如厚集兵力以博一战，可期迅告成功。臣愚昧之见，伏乞皇上圣鉴，谨奏。

请将郭维键交巡防军营差委折

奏为请保军营人员，并呈条说，恭折仰祈圣鉴事：

窃维行军以将帅得人为先，而尤以广储群材为要。现在天讨特申，命惠亲王为奉命大将军，僧格林沁为参赞大臣，总统诸军，固已声威大振，指日即可扫荡妖魔。唯军务在在需人，必兼资于群策群力。兹访有前任工部主事、现拣发湖北知州郭维键，系四川进士，该员素性朴诚，留心武备。前于道光二十一年，因英夷肆逆，在部呈递《平夷车炮火攻图说》，经工部堂官代奏，军机大臣传奉宣宗成皇帝谕旨：「这《图说》很好，很费心了。《图说》交本人带往军营，交杨武将军阅看，当面商酌。《图说》封好了，不教人看。钦此。」该员前赴浙江军营，帮办文案，制毒火药，管带枪勇，在营有案。三十年四月，在部呈递《未雨绸缪论》，请行团练、修武备、操水陆军兵，未经堂官代奏。咸丰元年，在部呈递《密务论》，并《团练事宜十二条》，又经堂官代奏在案。查该员前后所上论说事宜，虽未尽用，然其平日留心时务，讲求武略，思患预防之心，已可概见。该员现拣发湖北，以知州用。湖北现尚无事，该员前往不过听候差委。当此军务需人之际，但有一长可取，即属有用。可否请旨，将该员交大将军察看差委，恭候宸裁。

又，福建举人林昌彝，近因呈进《三礼通释》，奉旨著以教授归部铨选。该员学问固属优长，而于济时之务，尤多究心。前因英夷滋事，曾著有《破逆志》四卷、《平贼论》二卷及《平夷十六策》。近见粤匪肆扰，又拟有《军务备采十六条》。该员体质荏弱，难任差委，谨将《十六条》抄录，恭呈御览。请旨发交大将军以备采用。愚昧之见，伏乞圣鉴。谨奏。

【附】

上谕：太仆寺卿王茂荫奏，保举军营人员一折，拣发湖北知州郭维健，仍著前赴湖北原省。毋庸交巡防王大臣差遣。钦此。

上谕：太仆寺卿王茂荫奏，福建举人侯选教授林昌彝所著《军务备采十六条》并绘图式，呈览等语，著交巡防王大臣阅看，以备采择。钦此。

请催杨熙赴江忠源军营片

再，臣闻现在安徽告急，江忠源尚未赶到。臣前保刑部主事杨熙回籍募勇，于五月十八日奉旨准其回籍募勇，投效军营。该员于二十四日，由京起程，计此时当已自川带勇在途。请饬四川总督暨湖北、江西各巡抚查明，该员无论行抵何处，即行催令赶赴江忠源军营，随往安庆、庐州等处，协力剿贼，似亦可资指臂之助。谨附奏。

劝谕京城铺户联络保护片

再，臣思此日事势，以安民为第一要义。而欲民心之安，必先予以安之之法。自贼匪窜入直境，愚民未免惊慌，不虑逆贼之外来，先愁土匪之内扰。盖外城与内城不同，内城犹多土著，比户相依；外城则五方杂处，有业铺户虽同在一街市者，平素绝不相联。间遇火、盗等事，唯该户等自行抢救，邻近街坊非袖手旁观，即闭户不问。盖联络无素，往恐见疑。且盗有器械，民无器械；盗有党与，民无党与，往尤惧害。非人情之不欲救援，实民心之不敢救援，总由素不联络，以至如此。至于无业游民，不呼自集，如上月西珠市口居民失火，倏忽之间，即有短衣徒手之人，千百为群，拥挤杂沓，大半皆希图抢掠。是以民情处无事时，则怡然相安；遇有事时，则惶然难安。今欲为安民之法，必得古人守望相助之意。近见五城办理保甲章程，令各户各出壮丁一名，无事各安生业，有事互相救援，用意甚善。唯事属创始，无人为之倡率，恐其罔所遵循，臣往宣武门外大街，特邀集大铺户十余家，以五城之意告之，察其愿否。各铺户闻臣所言，系令其自相联络，以为保护，咸欣然乐于从事。臣见其并不惊疑，因令大铺户再往劝众铺户，两日之间，通街传遍，无不踊跃愿从。看此情形，守望相助之法，实足以顺民情而安民心。此法若行，从此盗贼偷窃之事，似可少弭。即如上年老虎洞抢劫之案，亦因街坊莫敢过问，是以盗贼得以肆行。若盗劫一家，而通街左右各家皆起救援，两头从而拦截之，盗亦何由而逃？臣拟将通街各户，联络既定，告以条约，即将办理章程，报明步军统领、五城衙门，立案备查。如官绅商民人等，有愿倡率为保卫计者，亦令仿照办理。事既甚便于民，亦且有益于官。伏愿皇上俯顺舆情，允准照办，于安抚民心之道实有俾益。

臣愚昧之见，是否有当，伏乞圣鉴训示遵行。谨奏。

请催僧格林沁迅速赴剿折

奏为敬陈管见，恭折密奏，仰祈圣鉴事：

窃臣闻行军之道，贵揣敌情，尤贵审己力，所谓知己知彼，百战百胜。逆贼北来，意在窥我虚实，以图大举入寇。观其屡次窥窃渡河，竟由温而至怀庆，迨为胜保所迫，势不能北，乃入山西，由山西曲折奔驰，不窜陕境，而仍窜直境，其情可见。临洺不守，我皇上赫然震怒，将讷尔经额、恩华褫职逮治。特简重臣，亲颁将印，统全军而会剿，期克日以荡平。威命一宣，固已万姓欢颂，加以参赞大臣僧格林沁于受命之日，即奋兵而过良乡，志将灭此朝食。参赞出，而前放之统兵大臣培成多尔那木凯、达洪阿等，无不随出。其势足以吞贼而有余，天下翘首仰望，以为数日之间，贼必尽灭。所谓兵贵神速者，参赞实为得之。不意行至涿州，遽闻扎营，迄今十日，各路皆不前进。京师消息纵极慎密，奸细亦必侦知。贼自初六渡河，其迁延于深晋之间，而不遽来者，亦料我之必有大兵也。至大兵出而不见动静，贼有以知我之勇怯矣。臣闻参赞谋勇优长，想其在涿，自有深意，非寻常所能窥。若欲遂为防守，则臣窃谓非计。自逆贼窜出广西，至今皆为守字所误。远而衡岳，近而临洺，何处不防？何处能守？此前车之至鉴。夫守所以防贼来，我能杀贼，贼从何来？我不杀贼，贼来又焉能守？向之言守者，皆怯也。且守亦必审时势，果使贼众我寡，贼盛我衰，锋不可当，力不能制，因而持重以老贼师、疲贼力，待贼粮尽，然后一举灭之，此亦有说。今贼自怀庆窜逸，止于数千，即有裹胁，亦不过万，而我军不啻数倍，是贼寡我众也。贼既屡败，又奔驰数千里，其众已疲惫不堪，而我军蓄锐既久，一鼓作气，是贼衰我盛也。我方操此胜算，而贼以疲惫无援之孤军远来送死，不即灭之，而何待耶？况战则利在我，而守则利在贼。时至今日，有万不可以言守者。贼住一日，既可养息，亦便裹胁。我住一日，锐气日堕，精气日销。贼人所过劫掠，行不持粮。我军需饷甚繁，部库告匮，坐守一日，糜饷不知若干。设贼不遽来，亦不遽去，进不敢战，退不敢撤，如此数月，饷绝兵溃，不待贼至，而已自困矣。遑言守乎？今为守之说者，必曰：「剿贼可任之胜保耳」。夫胜保之卒，在怀庆攻剿两月余，在山西又奔驰月余，其力亦至疲矣。臣闻善御马者，不竭马之力；善用兵者，不竭兵之力。胜保之竭力如此，臣窃危之。就令胜保常胜，亦恐能胜之而未能灭之。盖单骑进剿，贼可避而狂奔。设北来之贼，由山东而南窜，南方之贼，破庐州而北来，两路会通，纵横东豫，则天下更不可问矣。总之，此番之贼，断不可使有一人得返，有一南返，贼必轻我而更来。为今之计，贼方以怯疑我，即因其情而用之。愿皇上密饬王大臣等，明发号令，按兵防守；阴选敢战之将、敢死之士数千人，潜师疾趋，昼夜兼行，离胜保营数里驻扎，暗与会合。俟胜保攻战急时，陡出参赞旌旗，挥兵直出。贼众狃于官兵逗留之积习，必不料我骤至，一旦出其不意，不啻从天而降，于惊惶失措之余，一鼓灭之，使各路之贼咸知大皇帝之威灵，参赞之谋勇，京营劲旅之利害，心悸胆栗，不敢更生北窜之念矣。若专以剿贼之事，委以胜保，竟使胜保即能灭贼，而大将军与参赞，不出一奇，不动一勇，使贼知胜保以外，我更无人，将来贼众必且大至，恐非防守所能御也。伏乞皇上宸谟独运，迅赐施行，殄既来逆党之气，耶未至匪徒之志，灭贼壮威，在此一举。

臣受恩深重，莫效涓埃，目击时艰，不堪再误，谨将管见所及，缮折密陈，伏乞圣鉴训示。谨奏。

请官收买庐州米石片

再，臣闻安徽庐州各属，秋收颇称丰稔。其上熟之处，每米一石粜钱仅六七百文，次者亦不过千余文。向来该处余米，专恃江苏销售。现在江路多贼船往来，而商民冒险载运，屡遭掳劫而不止者，以舍此处无销路也。多米之家，有米无从易钱，若以官票加价收买，亦所甚愿，此该处人言如此。请饬户部速发官票十万两，交署安抚试行采用，以给兵食，并免被贼抢劫。倘官票部发不及，即请饬署抚先行出示采买，发给藩库实收，俟官票到日，再行补给。谨附奏。

【附】

上谕：王茂荫奏请饬部发给官票，交安徽省采办米石等语，著户部速议具奏。钦此。

请将臧纡青随同吕贤基办团练折

奏为请破格用人，以期得力，恭折奏祈圣鉴事：

伏读上谕：「前据周天爵保奏，江苏举人臧纡青，当有旨令其督带练勇，协同剿匪。兹据奕经奏，该举人剿匪甚为得力，著以通判留于安徽补用。钦此。」仰见皇上简用才能，不拘资格至意。然臣窃以为如此用臧纡青，恐犹未足以资得力也。何则？臣闻臧纡青才气甚大，不能谨守绳尺，以受约束。其在宿迁办理团练，可以尽其才力之所能至，无人得而牵掣。即与周天爵协同剿匪，周天爵唯言是听，是以能于得力。今以通判归于安徽补用，安徽府道以上之员，皆得而钤束之，安能任其所为？且其所办团练，多其乡里，宿迁之举人得而督率之，安徽之通判不得而督率之也。若去其团练，而专用其人，是剪其羽翼爪牙，以使归于无用矣。臣愚以为莫若令其督率练勇，随吕贤基协同剿匪。吕贤基熟悉其性情才力，自必乐为所用。俟其剿匪大著功绩，再令保奏，请旨破格擢用，以嘉其劳。

方今所患，在无将才。然天下未尝不生才，不在于上，则在于下。凡处乡而能团练数千人唯其所用者，其人皆有将才之人也。以有将才之人，而交与无才之人用，上既不知所以用，而下又不乐为用，则有用亦归于无用矣。即如前任副都统德顺、现放安徽道桂清二人，皆能奋勇杀贼者；内阁中书叶灿章，在广西率练勇破贼颇能调度有法者，若令合为一队，使之与胜保协力剿贼，必能见功。自发交直隶差遣，直督不知所用，遂使至今无闻。有用者之归于无用，即此亦可见一斑矣。伏望饬直督特派该三员带兵赴剿，当可得力。

伏乞圣鉴训示。谨奏。

条陈兵事折

奏为敬陈管见，恭折仰祈圣鉴事：

窃臣于本月初二日蒙赐召见，询及防守事宜。臣学识浅陋，又拙言词，虽有所陈，意多未尽。退而审察时势，寻思博访，谨再拟所急六条，敬呈御览，以备采择。

一、请严重侦探也。行军耳目，专在侦探。侦探得实，胜算便可先操。乃前闻直督以贼至蠡县误胜保，晋抚以贼至五台误胜保，使胜保疲于奔驰，致狂寇得以窜扰，而未闻将误报之人，严正军法。于是各路侦探率多捉影捕风。闻达洪阿、培成多尔、济那木凯所带之兵，极为精锐。自深州贼窜，寅夜追从到保定者，两次走千余里，未见一贼，未打一仗，军心遂生怨怠，皆由侦探不真所致。夫探报军情，为行军第一关键，而乃瞀乱如此，是虽杀犹不足蔽辜，而顾可置之不问乎？然有重刑在后，必有重赏在前，使杀之而不能怨。若于此而惜赏惜刑，则虽悉索弁兵，竭尽粮饷，均成无用，此不可不急讲也。

一、请优奖乡勇也。闻长芦盐政文谦、天津知县谢子澄能得民心，自上月闻贼将近该县，即督率练勇，于二十七日迎击一次，二十八日昼夜连打三次，多系用打野鸭枪者得力。本月初，亦闻打有胜仗，叠次杀贼不下数千。自天津来者，言其头目姓名、情状，到处传说，众口一词。前此，贼在远而民惶然；今兹，贼在近而民转帖然者，以为天津练勇足恃也。而总未见奏报。此而不保，何以励人才而作士气？应请饬文谦即行据实保奏，励一处之县令，即以作各处之县令；励一处之团练，即以作各处之团练。果使处处如此，逆贼复何所容于天地乎？

一、请选将速剿也。自上月来，皇上特命将帅不少矣，至今月余，尚未有与贼接过仗者。兵贵神速，自古言之。贼所至辄筑土城为拒守计，待其筑既成而攻之则难，及其筑未成攻之则易。今闻又在静海筑城矣，不于其未成而攻之，更何待耶？专恃胜保之疲卒，诸臣何以自安！臣愚以为，凡人之能不能有定，断难强不能以为能。若不问其能否，而但以名位所在责其能军，诚恐有名无实。如近所闻，贼至天津，总兵恇惧欲逃，而敢督战能杀贼者，乃在知县。总兵者，武职大员也；知县者，文职小员也。由此观之，事固存乎其人，而不可以资格论矣。伏愿皇上用人不论名位，但问其能，再试其胆。有能杀贼敢向前者，即用以带兵。不交与不能不敢者，以钤束之。斯奋勇直前之人出，而进剿速矣。

一、请约束兵丁也。臣闻贼兵行动，队伍整齐，约束不乱，掠城邑而不掠乡村，劫富户而不劫小户。将到之处，先有数人鸣锣，令各户关门，市卖食物之店，令其开门，平给价值交易。故贼至尚不尽闭户。官兵所至，全无纪律，混肆抢夺，遂至街市全闭，人亦潜逃，虽达洪阿之兵，亦不免此。皇上叠降严旨，而带兵之官，总苦不能约束。盖能约束兵丁之员，即能与贼打仗之员也。

一、请发给兵饷也。闻现在各路兵饷，多不时给。一月仅能先领半月之饷，再欲领后半月，则发给不知何时。通州巡防之兵，衣服典质殆尽，屡催粮台不能应。臣以为，当此用兵紧要之时，兵不用命，必宜正法。而兵饷必宜优给，虽尽发内帑，亦不能顾。若用其力，而以饥寒迫之，是徒驱之就死地，而于国事尤大有害。必为节省之计，但可裁减兵数，不可裁减粮饷。盖士卒腾饱，一人可敌数人；冻馁之人，数人不敌一人也。臣闻盛京之兵在天津，贼将至而先与民斗，吉林之兵有从贼为前驱者，经天津拿获三人。国家养东三省数百年，似不应有此；或者现在养有不足，此不可不筹也。

一、请防兵巡哨也。现闻近京四路，均经设兵防守矣。然安坐不动，未免懈怠军心。应请饬各路统兵大员，间日带兵出巡一次，或三十里或五十里，使兵丁习队伍、悉路径，并以审察地利，何处可以扼要，何处可以设伏，不独为将者胸中瞭然，即弁兵亦可不迷所向。远近或有土匪，亦且闻而震慑，不敢妄生他想矣。

以上六条，似系目前急务。臣愚昧之见，是否有当，伏乞皇上圣鉴训示，谨奏。

殉难士民请旌折

奏为请旨旌表殉难士民，以彰义烈而励人心事：

臣维成仁取义，正气自属常存，致命捐躯，庶人尤称匪易。比来匪徒肆扰，荼毒蒸黎，凡夫死事职官、阵亡兵弁，莫不仰邀赐恤，渥荷恩施。近于九月二十日，复奉谕旨：「地方文、武官及绅士人等，被害较烈各员，已经给予恤典者，再行分别酌议，加赠予谥，或入祀昭忠祠。未经奏报各员，著各该省督抚，迅即饬查被害情节，奏请奖恤，等因，钦此。」皇仁所被，至优极渥，洵足作士气而慰贞魂矣。惟思贼匪自离西粤，狂窜南方，稽天讨于三年，煽毒氛于数省，凡被难地方，士庶人等或负义不屈而致戕，或被胁不从而遭害，甚或全家罹难，阖室自焚。虽智愚贵贱之不同，实节义忠贞之无愧，此固国家厚泽深仁之所致，要亦下民敷天率土之真忱。我国家劝善褒良，凡平日节妇义民，无不仰叨钦奖，则此时忠魂毅魄，尤宜上荷旌扬。臣闻向来各省死难士民，恩许建祠合祀，其被害最烈者，或从优另予封表。今殉难士民，忠贞自矢，外省均未查办，日久恐致淹埋，合无仰恳皇上饬下各督抚，悉心详查，于遇贼死节之士民妇女等，有姓氏可查者，悉查明题请旌表，准予祠祀；实系无姓氏可查者，则统书难民总牌祔祀；其中或有蹈节最著、被害尤烈者，另行优请旌恤之处，出自逾格天恩。俾守义不渝者，皆沐褒嘉之典，斯闻风知感者，咸深激励之心，则众志可以成城，而群丑无难殄灭矣。

臣愚昧之见，是否有当，伏乞圣鉴训示。谨奏。

【附】

上谕：太仆寺卿王茂荫，奏请旌表殉难士民一折，军兴以来，被贼滋扰地方，文武官绅及兵勇人等，或临阵捐躯，或遇贼被害，经各督抚奏报，无不立沛恩施，给予恤典，并谕令各督抚查被害较烈之员，再行分别酌议加赠予谥，或令入祀昭忠，以励臣节，而慰忠魂。复念被难各省地方士庶人等，或因骂贼致戕，或因御侮遭害，全家罹难，阖室自焚，虽贵贱之不同，实节义之无愧。特恐僻处乡隅，不获上邀旌恤，以致淹没弗彰，朕心恻焉。著各该督抚，通饬所属，迅速查明遇贼死节士民妇女等，除照例题请旌表外，其殉难尤烈者，并准其奏明，请旨分别赐恤。该督抚等，其秉公详核，毋滥毋遗，以副朕励节褒忠之至意。将此通谕知之。钦此。

请禁收漕规费片

再，臣闻江浙滋事各州县，唯上海系小刀会勾通乡勇谋逆，淳安之梓桐源系盗匪，余如江苏之嘉定、青浦，浙江之临安、新城、于潜、长兴，均以困于钱漕而起。银价日昂，钱漕二粮既因以增，而浮收折色又日有加无已，民苦不堪，怨嗟载道。奸民乘机煽惑，以挟制官长。始而拆毁衙署，姑为隐忍；继而殴官毙役，又强为弥缝。及至戕官作乱，乃不得不奏办，而劳师动众，已不易于收拾矣。在征粮之时既以如此，至征漕之时恐益可虞。当此筹饷方殷，万无减免之法，然正供不可省，各色杂项陋规可省。闻有漕州县上司有规，绅衿有规，即土包地棍亦有规，不如此不能肆其勒折浮收。若将各色陋规严行裁革，一石不收至数石之多，则良民既可少安，匪徒无所藉口，当不致滋生事端。然此其权首在督抚，次在州县。督抚不收规费，遇有告漕之案，即行查办，州县何敢浮收？州县不肯浮收，绅衿土棍亦何敢索规费？所谓本端而末自正。应请饬有漕省分各督抚，洁己率属，戒州县毋得勒折浮收。一有控案，必行严办，斯民无冤抑，而地方自靖。时际艰难，谅各督抚亦必有同心也。

臣愚昧之见，伏乞皇上圣鉴训示。谨奏。

保本籍人员回省带勇折

奏为谨请保员回籍、督带练勇防剿，恭折奏祈圣鉴事：

窃臣恭阅日抄，安徽桐城、舒城相继失守，工部侍郎吕贤基殉节，贼氛逼近，庐州情形甚为危急。该郡为南北要冲，关系中原大局。现闻巡抚江忠源在六安抱病，郡城大员唯藩司刘裕珍，余俱未到任。兵饷俱无，待援孔亟。此时急筹防御之法，唯有督率练勇，协力剿防，事或有济。但该处督带练勇，仅翰林院编修李鸿章一员，万难济事。臣同乡刑部郎中、记名御史李文安，即李鸿章之父，老成练达，为守兼优，籍隶合肥，情形甚为熟悉，乡里素所推重。该处团练整齐，皆该员于上年寄信回里，劝谕乡人为思患预防之计。若令回籍督带练勇，呼应必灵。恩。唯该革员获罪甚重，臣何敢代为乞恩。

又：已革江苏巡抚扬文定，前因镇江失守，奉旨革职治罪。该革员籍隶凤阳，素敦乡谊，甚得乡人之心。该处人情强悍，散则肆为捻匪，集即可为劲旅。该革员正月间曾遣其亲属回籍，招募壮勇赴江防堵，业已集有成数。若令该革员与李文安一同回籍，带罪自效，协保庐、凤，当可以资得力。以上二员，皆臣素所最悉，属在同乡，理应避嫌。第当此时势艰危，保守庐、凤，即所以保守国家，而保守庐、凤之方，再四思维，更无良策。为此不揣冒昧，吁恳饬令刑部郎中李文安，迅速回籍，带勇协剿。其扬文定可否暂释，令同回籍协办防剿之处，出自皇上天恩。至吕贤基之子吕锦文，因父殉节，痛不欲生，亦愿随往杀贼，兼求父尸，亦应请旨准其随往。再：此时安省情形难以悬揣，李文安系曾蒙记名御史之员，带过引见数次，现在御史又尚空有数缺，可否赏加御史衔，俾得便宜奏事，恭候宸裁。所有保员回籍带勇防剿缘由，理合恭折具奏，伏乞圣鉴训示，谨奏。

【附】

上谕：王茂荫奏保本籍人员回省带勇防剿一折，刑部郎中李文安著准其回籍，督率练勇，协力防剿。所请赏加御史衔，准令奏事，殊属非是，著无庸议。吕贤基之子吕锦文，并著回籍，帮同剿贼。至已革江苏巡抚扬文定，因失守地方，拿问治罪，岂得以其在本籍招募壮勇，遽从宽典？所请饬令回籍带勇协剿之处，著不准行。钦此。

王侍郎奏议卷六

户部侍郎谢恩折

奏为恭谢天恩事：

本月初六日，内阁奉上谕：「王茂荫著补授户部右侍郎兼管钱法堂事务，钦此。」窃臣皖江下士，知识颛愚，观政农曹，已愕庸之是懔；随班谏院，复树建之未能；旋供职于容台，愧乏令狐之对；逮滥竽于奉驾，更惭数马之风。兹承天宠之颁，秩晋地官之贰。伏念政兼食货，佐繁剧于司农；计综度支，关委输之要务。如臣梼昧，弥益悚惶。且臣自当御史，骤列卿班，半载之间，迭膺恩擢。凡诸宠荣之逮及，已非梦寐所敢期；若更邀逾格之恩，尤倍切难安之念。况臣赋质至钝，见事实疏。处闲散之地，或犹一隙之微明；当重大之司，即觉寸心之无定。又臣现办团练保甲事宜，甫有头绪，户部事繁，势难兼及。臣闻人臣之义，量而后入。若但存利禄之心，诚恐负知人之哲。臣之驽下，难逃圣鉴，倘蒙察其愚庸，不胜钜任，俾得尽心于劝谕守助各事，庶几仰酬高厚鸿慈于万一。臣之钦感，实为无既。所有微臣感激下忱，理合缮折，恭谢天恩，伏乞皇上圣鉴，谨奏。

【附】

上谕：昨将王茂荫简放户部右侍郎，本日据该侍郎奏称，「现因办理保甲事宜，户部事繁，势难兼及」等语。王茂荫系户部司员出身，于户部事务较为熟悉，是以特旨超擢。该侍郎唯当勉图报称，以副委任，毋得畏难辞让，徒涉虚文。其现在所办保甲事宜，仍著与宋晋等兼筹妥办。钦此。

论行大钱折

奏为敬陈大钱利弊，恭折奏祈圣鉴事：

窃查本年三月户部奏铸大钱，请定当十、当五十二种，自六月始按成搭放。本月十四日，巡防王大臣奏请推广铸造大钱，奉朱批：「所奏是，户部速议具奏，钦此。」臣蒙圣恩，擢任户部右侍郎兼管钱法堂事务，职司尤重，自当随在部诸臣，悉心推求，以期利用，何容独有异议。顾臣窃虑此法之难行，且虑行之稍窒，或并所已行者而亦致不行，有不敢不将利弊源流，备行胪奏，再请圣裁者。

臣维自来圜法，总以不惜工本为不易之常经。偶铸大钱，计图节省，由汉迄明，兴者尝数十矣，而不久即废，从未有能行者。现行大钱，颇见便利，盖人情喜新，历代初行，亦皆如此，非今法独异也。然闻当五十之钱，市人已多私议，奸人已多私铸，第为时未久，尚未见大阻格耳。今王大臣奏请添铸当百、当五百、当千三种，而当千但以重二两为率，其余以次递减。为裕筹经费起见，诚为至计，此法果行，岂非大利！顾臣考历代钱法，种类过繁，市肆必扰；折当过重，废罢尤速。前户部请铸大钱时，亦称历代之行而辄罢，皆由折当太重，分量过于悬殊，故止铸当十、当五十两种，而犹声明以后照式，一律不准稍有偷减，诚有监于前失而戒之也。方深戒之，何遽犯之？若当千之钱重二两，非所谓折当太重、分量过悬殊耶？

论者谓：「折当太重，谓其嫌于虚耳。大钱虽虚，视钞票则较实，岂钞可行而大钱转不行？」不知钞法以实运虚，虽虚可实；大钱以虚作实，似实而虚。故自来行钞，可数十年，而大钱无能数年者，此其明征也。论者又谓：「国家定制，当百则百，当千则千，谁敢有违？」是诚然矣。然官能定钱之值，而不能限物之值。钱当千，民不敢以为百；物值百，民不难以为千。自来大钱之废，多由私铸繁兴，物价涌贵，斗米有至七千时，此又其明征也。

宋御史沈畸之言曰：「自为当十之议，召祸起奸。游手之徒，一朝鼓铸，无故而有数倍之息，虽日斩之，其势不可遏也。」学士张方平之议曰：「用大钱致奸人盗铸，其用日轻。比年以来，皆虚高物估，增值于下，取偿于上，虽有折当之虚名，乃罹亏损之实害。」又其显者，大观铸钱自蔡京，而其子蔡絛作《国史补叙》，其「始之得息而流通，继之盗铸而多弊，终之改当而折阅」，事皆亲见，言尤独详。夫聪明材力，古人远胜今人；作奸犯科，今人又远胜古人。古既不行而欲行于今，臣实不胜过虑。

顾使当千、当百虽不行，而当十、当五十犹可行，似不妨一试，而臣又虑其不能也。信为国之宝，现行大钱、钞票，皆属权宜之计，全在持之以信、守而不改，庶几可冀数年之利。今大钱分两式样，甫经奏定，颁行各省，大张晓谕，刊刻成书，未经数月，全行变更。当五十者，较向所见而忽大轻，当一百者，较向之五十而犹见轻。且当五百当千，纷见错出，民情必深惶惑，市肆必形纷扰，而一切皆不敢信行。钱为人人日用所必需，裕国便民，所关甚重。万一如臣所虑，诚恐贻悔。

或谓铜斤短绌，若不及时变通，则明年必致停铸，此又岂细故耶？顾变通欲其能行，不行则亦与不铸等。乾隆以前，铜初不取诸滇，鼓铸所资，有国初之成法在。逆贼一平，不患无铜；若贼不平，铜不能运，则虽尽现在之铜，尽铸当千，似亦无济。所可虑者，固不止停铸一事也。现在言大钱者甚多，如御史蒋达之奏，第计行之利，未计不行之弊。臣自为司员时，窃尝于此考之。伏愿皇上坚持一信，永保勿渝，实为幸甚。臣性既拘迂，识尤浅陋，惟受恩深重，但有所见，不敢不言。为此备陈利弊，并呈历代大钱兴废略，伏乞圣鉴训示。自知谬妄，干冒宸严，不胜战慄待命之至，谨奏。

谨将历代大钱兴废，节录大略，恭呈御览：

汉元鼎二年，铸官赤仄一当五，赋官非赤仄不用。其后二岁，赤仄钱贱，遂废。王莽钱自当一以至当五十为六等，百姓溃乱。莽知民愁，改行当一与当十二品，尽六年，毋得复挟大钱。吴孙权嘉禾五年铸大钱一当五百，又铸当千钱。钱既太贵，但有空名，人间患之。权闻百姓不以为便，省息之铸为器物，官勿复出也。宋文帝元嘉七年，以一大钱当两，行之经时，公私非便，乃罢。陈文帝天嘉五年，铸五铢钱，以一当鹅眼十。宣帝大建十一年，又铸六铢，以一当五铢之十，后还当一。后周建德三年，铸大布钱以一当十。五年，以布钱渐贱，人不用，遂废之。唐肃宗乾元元年，第五琦铸乾元重宝钱，一当十；又铸重轮乾元钱，一当五十。京师人人私铸，物价腾踊，斗米至七千钱。代宗即位，重宝钱以一当二，重轮钱以一当三，凡三日而大小钱皆以一当一。自第五琦更铸，犯法者日数百，州县不能禁止。至是，人甚便之。后唐钟谟请铸大钱一当十，谟得罪而大钱废。宋范雍、张奎皆铸当十钱，民间盗铸者众，钱文大乱，物价翔踊，公私患之，后皆改为一当二。神宗四年，皮公弼铸当十钱，后改当三，又减当二。徽宗二年，铸当十钱；四年，以盗铸多，诏改当五，旋又改当三。明洪武即位，初定钱制，当五、当十凡五等；四年，即改铸大钱为小钱。天启元年，铸当十、当百、当千三等大钱，旋诏收大钱，发局改铸。历考前代大钱，惟汉昭烈入蜀，铸值百钱，史称旬月府库充实，未详所止，意亦愚民一时之计。余则始末具见，盖未有行三年而不改变废罢者，未有不称盗铸云起，物价腾贵，公私非便者。史册所载，彰彰如此，谨略。

保荐直隶才任剿贼人员折

奏为敬陈管见，恭折仰祈圣鉴事：

窃维天津防剿，练勇最为得力。近失能结民心之知县，既恐民心涣散，且极盛难乎为继。接任稍不得人，尤足伤民心而速之散。民心一散，则天津可危，而近畿皆危矣。臣闻武清知县胡启文，其得民心也，即天津之民亦无不知之。且武艺优长，现在每日早晚率练勇下教场，必身先演试以为教。若以调任天津，民必安之，并可随文谦督带兵勇，以攻独流一面，而任胜保以专力攻静海。两路并进，似易制胜。至逆贼现逼东南，则通州实为京城门户，现知州尚未得人。近见饶阳县知县秦聚奎，以练勇御贼，而贼不敢犯，其才必有大过人者。若以之升任通州，练该州之勇以佐文瑞，似可无东顾之忧。又闻有补用知府毛永柏，人不甚纯，而胆略足用，曾以杀贼著声。若以者（署）永定河道，团练河兵乡勇，似足以扼南路。臣知用人大柄，自有皇上宸裁。且有直隶总督、顺天府伊，自能调度奏请。第以时势方危，事机贵速，若待直隶总督、顺天府尹往返商奏，诚恐有需时日。是以不揣冒昧，谨就见闻所及，恭折具奏，伏乞圣鉴训示。谨奏。

请宽裹胁以破贼计折

奏为请破裹胁之毒，以灭真贼，恭折奏祈圣鉴事：

窃维逆贼从粤西窜出以来，叠经剿杀，已自无多。所见为多者，皆裹胁之良民也。贼所过处，辄以威力驱我良民，战则以民居前而自居于后，守则以民处外而自处于中，枪炮锋刃皆以我民当之而真贼罕及，遂得偷息至今。是贼之计，利在裹胁。裹胁无尽时，即真贼无灭时。我之变，利在破其裹胁，裹胁散得开，斯真贼灭得尽。然而逆贼之裹我民也，迫之以留发，加之以火印，使之有可辨认，逃出必为官民杀，逃归必为地方杀，使民知逃之必死，不如不逃之尚可缓死，不得不以死从贼。贼将我民裹胁，复使我民杀逃出之伙，以固其裹胁。其计诚为狡毒。顾计虽毒，要必我杀其逃出之人而计始行；若我不杀其逃出之人，计即不行。则所以破其毒计者，有在矣。

国家深仁厚泽二百余年，斯民世世受之，其身虽在贼中，其心终念我国家，实无不欲逃者。臣闻今秋贼之复到湖北也，皆带正月在武昌掳去之人，意以本处人攻城引路，遂其复还故土之心，必得其格外奋勇之力。不意一到湖北，逃散殆尽，是以即行解去，直趋下游，不敢停泊。是可见裹胁之人，但得可逃之机，即无不逃也。又闻贼中官级，大者为丞相，次则检点。有一谢姓检点，系湖南道州人，由江西至湖北时，在清江地方湾泊一月有余，与该处人习熟，无所不言。始言思家念切，家中有八十老母，弱妻幼子。继且涕泣而道，言明知在贼中无好日子，无如进退两难。且言贼中各官，心事多如此。是可见为贼伪官之人，虽未得可逃之机，亦无不思逃也。又闻黄梅县盘获贼中逃出之人，据以贼中日发米仅四两，而刑法甚酷。每三日必将人身搜一次，有银者斩，钱至有五百者亦斩。防逃之法严，而思逃之人愈众。不独被掳者欲逃，即前愿从贼之人亦欲逃，此天亡贼之时也。不于此时恩解散之方，更待何时？

然而徒言解散，正恐无益。伏读正月初八日恩旨：「被胁之民，不从则先死于贼；从之则又死于兵，朕仰体上天好生之仁，何忍概行诛戮！」又读六月初七日恩旨：「从前被胁之徒，若能剿贼自效，即可立荷恩施。即或先被贼诱，自拔来归，但能改过自新，亦可同邀宽典。各等因，钦此。」仰见皇上如天之仁，所以宽宥胁从者，亦已至矣。然而至今未见有效者，何也？各路军帅奉行不力，其道有未尽也。盖从贼之人虽读恩旨而感泣，必顾军帅而迟疑。将欲自拔来归，则恐其杀之以为功也；将欲杀贼自效，又恐杀其身而更冒其功以为功也。盖军帅初不足致人之信，而逃出见杀者比比皆是，尤足以坚其不信，是以至今无效也。臣愚以为自今以始，请更特降谕旨，凡贼中之人，除广西老贼罪在不赦，即两湖胁从，亦许自新。无论从贼之久暂，留发之长短，火印之有无，但有自拔来归者均从宽贷；有杀贼自效者均加爵赏。每营设广西官数人，凡从贼中出者，审系广西口音则杀，非广西者有功论功，无功资递回籍，交该地方取保。如有妄加杀戮者，许该民亲友控告，重治其罪。凡得此旨者，许怀藏以为符信，逃出呈验，即不加罪。如此剀切晓谕，饬各统帅将此旨刊刻刷印，多行射入贼营，使贼营裹胁之人知有生路，自然逃出，此明解之法也。然而犹恐其不信也，再请饬各军帅多发告示，遣其心腹之人，潜以消息通之，以约誓要之，以身命保之，以使之信。犹恐其不信也，再请饬凡得贼营逃出者，即释放以示之。如是而后，可冀其信而敢出。此法在各路皆宜急行，而行之尤必近自独流始。独流裹胁，率皆近畿之人，尤非他比。臣闻保定获一贼中逃出之武生，据称欲逃出时，贼营知者无不告以逃去之必死，而自问不甘从贼，虽知死而亦逃，此其情尤足哀矜。请自今得贼营之人，讯明属系裹胁、有家可归者，即遵特降新旨，资递回籍；有为贼药所迷、讯不吐供者，以药解之；解之而不醒，则姑禁之而不加诛。皇上立信以教各帅之信，各帅立信以致贼营之信，一信而裹胁立解，真贼立灭矣。

或谓如此办法，恐奸细亦将得志。不知唯有贼，斯有奸细。若贼尽灭，则奸细皆良民矣。又何虑焉？或谓倘释放之人复归贼营，岂不为患？夫贼多矣，自拿奸细，至今所杀不过数十人。此数十人于贼有何增损？苟释放之后，有复来归贼营者，则不杀胁从之风声可以广播，难民必信而来归，真贼必疑而生乱，此正我之利也。或又谓倘释放回籍之人，久染贼习，沿途复肆抢劫，又将奈何？不知所谓解散者，散之并不使其百十为群，仍行连结也；陆续零星而行，未必敢于沿途抢劫。苟有贼犯此者，则令各地方官拿获即行正法，许各地方民格杀勿论，更复何惜。自古法无不弊，此时罪在贼而不在胁从，则合胁从而专杀贼。若胁从更敢为贼则杀之亦属杀贼，而非杀胁从。因时制宜，惟求至当耳。臣为急筹破贼起见，是否有当，伏乞圣鉴训示。谨奏。

再论加铸大钱折

奏为敬筹大钱，再行渎陈，恭折奏祈圣鉴事：

窃臣于上年十一月因部议巡防王大臣推广大钱，曾上大钱利弊一折，未奉谕旨。今于本日恭进各大钱式样，臣职管钱法，惟当力求铸造精工，期能行，以仰副圣意，何容更有所言！顾臣于此事夙夜筹思，实觉难行，有不敢不再渎陈者。

今行当百以上三种大钱，与原行当五十大钱分两式样，无甚可辨。若恃字为辨，则此何以贵，彼何以贱，愚民莫解，恐致嚣乱，此其一难。钱本以便零用，今一钱而当五百、当千，窃恐以易市物，难以分析；以易制钱，莫与兑换，此其二难。大钱虽准交官项，然现在准以五成搭交者，有官有宝钞，再加大钱，何能并搭？此其三。然此犹其小也，最大之患，莫如私铸。论者以为私铸正可增官铸之用，可以无患。不知官钱以当千发之，以当千收之，故可无亏。若奸人以四两之铜，铸两大钱，即抵交一两官银，其亏国将有不可胜计者。旧行制钱，每千重百二十两，熔之可得六十两，以铸当千，可抵三十千之用；设奸人日销以铸大钱，则民间将无制钱可用，其病民又有不可胜言者。即此二弊已无法杜，无论其他。今论者或知难行，又谓姑先少铸以试之，试之而不行，再停非晚。臣以为他事可试，兹事不可试。盖事之本未有得者，试而不行，亦无所失；事之已有所得者，试而不行，将并所得而失之。臣固非徒为难行之大钱虑，实为已行之大钱虑也。方今筹饷维艰，买铜不易，幸得当十、当五十之钱暂能行用，月既省铜数万斤，又多获钱数万串，于经费不无小补。设更动之后，稍有阻格，一样不行，各样皆废，挽回无术，悔将何追？

臣思推广大钱，原欲于利用之中，更为节省之计。方今官票、宝钞，其省远过大钱，其利亦远过大钱，有一能行，利已无尽。大钱之铸，似可以已。若必不得已，则惟一法，请于当百以上者，加嵌银点，以示贵重。当千者十点，当五百者五点，当百者一点，每点嵌银不过一二分，而可使辨者较易，造伪较难。再请将户局当十、当五十两种，亦照工局之制，原重一两八钱者减为一两五钱，原重六钱者减为五钱。使户局工局分两均归一律，新钱、旧钱式样无甚悬殊，市肆行用不致瞀乱，而户局铜斤已暗省数万斤，不为无益。即将来当百以上大钱或有不行，而此当十、当五十者，规模如故，制度仍然，亦尚可行，庶几有得无失。钱为人生日用所必需，法不宜于轻动。臣非固执己见，妄肆阻挠，实因筹思已久，不胜过虑。为此，再行渎奏。愚昧之见，伏乞皇上圣鉴训示。谨奏。

庐凤练勇请发口粮折

奏为敬陈管见，恭折奏祈圣鉴事：

窃维各省绅民团练乡勇，无事各安耕作，有事共相捍卫，系属各保身家，费既不多，捐亦易办，原无庸官给口粮。至若选择练勇，调以防堵攻战，则与兵丁无异，自应一律发给口粮，不容歧视。庐州民风强劲，团练最早，万众同仇，曾经前抚江忠源入奏，何至遽尔失守？闻城内团练，系由李嘉端信任之胡元炜、徐淮所办，宵小成群，正人引避。其所练勇，皆属各衙门六班中人，见贼攻急，各自缒城逃走，以致贼乘而入。闻胡元炜业已降贼，盖小人之不可用如此。至各处防堵之练勇，则因口粮不给，各自归家求食，势有不得不然者。臣上年奏保刑部郎中李文安回籍带勇防剿，近闻该员在临淮团练招募，查看凤阳、五河乡镇各团器械整齐，技艺亦好，若能给以口粮、火药，得有胆识者以领之，尽堪御侮。无如筹饷无措，仅能守乡，不能出外。伏思当此筹拨维艰之际，兵饷且难，何能及勇。然闻参赞大臣僧格林沁、统兵大臣胜保等各营所带之勇，未尝不给口粮。庐、凤关系中原大局，现当吃紧之际，兵力难恃，不得不兼用练勇，可否请饬抚臣福济，于调用防剿之勇，一体发给口粮、火药，抑或令将官银票发交该绅董等，自行变通。济用之处，出自天恩。臣为欲期练勇得力起见，是否有当，伏乞皇上圣鉴训示，谨奏。

拿获伪钞追出来手应请省释片

再，臣思行钞之弊，防伪为艰。故造伪之人，治罪必严。而误用之人，则已奏明不罪，免致用者疑畏。上月钞局拿获典钞奏交刑部，刑部似宜将用伪钞人审问所来，但将来手传到，质对不错，便将前用人释放，另问所来。今闻刑部逐层追问来手，已传至六人，而一概拘禁。无知愚民，误用伪钞，遂至牵累不释，人民畏累，益不敢于行用。应请旨敕刑部办理此案，但有来手承认，即将收用之人省释，以免民累，实为幸甚。谨附奏。

再议钞法折

奏为钞法未尽，敬陈管见，并沥下情，恭折奏祈圣鉴事：

窃维今日度支告匮，需饷方殷，不得不资行钞。然钞法贵于行之以渐，持之以信。伏读上谕，有「行之日久，中外俱可流通」之旨。仰见圣明洞鉴，固知发之不宜太骤也。

今至上年议行钞法以来，初用银票，虽未畅行，亦未滋累。至腊月行钱钞，至今已发百数十万。于是兵丁之领钞者，难于易钱市物；商贾之用钞者，难于易银置货。费力周折，为累颇多。臣察知其情，夙夜焦急，刻思有以补救之。惟臣既在户部，凡有所见，必取决于总理祁寯藻、尚书文庆。乃所商多未取决，而设想更已无方，有不得不上陈于圣主之前者。

伏维自来钞法无传，然由唐、宋之飞钱、交子、会子，循名而思其义，则似皆有实以运之。独无废银钱不用，而专用钞。上下通以此行，为能以虚运，然闻后亦少变。至明，专以虚责民而以实归上，则遂不行。历代之明效如此，故臣元年所上，皆以实运虚之法。今时世所迫，前法不行，议者遂专于收上设法，意诚善矣。然京城放多而收少，军营有放而无收，直省州县有收而无放，非有商人运于其间皆不行，非与商人以可运之方、能运之利，亦仍不行。谨就现行法中，酌拟四条，以通商情而期转运，敬为皇上陈之。

一、拟令钱钞可取钱也。查市行钱票，与钞无异，而商民便用者，以可取钱也。宝钞准交官项，本自贵重，而人总以无可取钱，用多不便。若于准交官项之外，又准取钱，自必更见宝贵。顾发钞已百余万，而欲筹钱以供取，似为大难。然以臣计之，户局向来月解部钱六万余串；自铸当十、当五十大钱，月约解十一万串；今加铸当百以上大钱，月可得二十余万串。若部中仍前月提十一万，则三个月后可积三十余万串；即较前月多提五万串，六个月后亦可积三十余万串。若出示许民半年以后以钞取钱，似属无难。现在民情望此若云霓，故崇实、伍辅祥皆奏及之。或谓倘三十万尽而不能给，将若何？臣谓此有二道：一则有钱可取，人即不争取。彼钱店开票，何尝尽见取钱？如四官钱店现在开票放饷之数，可为明证，似无庸虑。一则有钱许取，人亦安心候取。倘钱将尽而钞纷来，竟不能给，不妨示期停止，令半年后再取，人亦乐从。经过一次发钱，人知钞不终虚，自不急取。此法每年虽似多费数十万之钱，而实可多行百余万之钞。如得准行，臣知不待发钱之日人心始安，即当出示之日而人心已安矣。此筹安人心之最要也。

一、拟令银票并可取银也。现行银票、钱钞，均属天下通行。而行远，要以银票为宜。欲求行远，必赖通商；欲求通商，必使有银可取。人疑无此如许现银以待取，而不知各省之钱粮关税，皆现银也。今既准以银票交官矣，此抵交之银不归之商人乎？既可准其抵交，何妨准其兑取！自上计之，二者初无所殊；而自商视之，则二者大有所异。盖抵交迟而兑取速，抵交滞而兑取灵。凡州县征收钱粮，必有银号数家将钱统易为银，将银统熔为锭，以便解省。今使商人持钞至倾熔钱粮之银号，准其兑取现银，则商人之用钞便，而得钞不待倾销即可解省，于银号亦便。在各州县收钞于商与收钞于民，初无所异。而零收之与整兑，亦有较见为便者。今若于准交之外，再加准兑取一层，则钞益贵重。处处可取银，即处处能行用而不必取银。御史章嗣衡、河督杨以增所奏之意，盖亦如此。诚知各州县银号之未必即照兑也，即照兑而不免需索扣减也。然许以兑取，则能取而贵之，即不能遽取而亦贵之。方今时势多阻，未必尽行，未必尽不行。得一处行，则一处之银路通；数处行，则数处之银路通。现在商人会票之局全收，唯此可以济银路之穷。京城之中，凡商人之来者皆货物，而往者皆银。使银票得随处兑银，则京城之银可以少出，而各路之银亦可得来，此又通筹全局之所宜加意也。

一、拟令各项店铺用钞可以易银也。各店铺日卖货物，惯用市票，何独惮于用钞？以市票能易银以置货，宝钞不能易银，即不能置货。此虽强令行用，将来货物日尽，宝钞徒存，市肆必至成空。不独商人自虑，即国家亦不能不代为虑。查银钱周转，如环无端。而其人厥分三种：凡以银易钱者，官民也；以钱易银者，各项店铺也；而以银易钱，又以钱易银，则钱店实为之枢纽焉。各店铺日收市票，均赴钱市买银，而钱店则以银卖之。今请令钱店，凡以买票银者，必准搭钞，则各店铺用钞亦可易银，而不惮于用钞矣。各店铺不惮用钞，则以银易钱之人无非用之于各店铺，凡令钱店开票者亦可准令搭钞矣。各钱店开票亦可搭钞，则以银买各店铺之票而亦不惮于用钞矣。凡以三层关节为之疏通，使银钱处处扶钞而行，此亦各行互为周转之法。虽似强民，而初非病民，似不至有大害。惟法行后，银价恐益增昂。然京城银之来路，专在外省解项，部中发项。今解项、发项日形其少，即不行此法，银亦日贵。此则须俟殄平逆匪，方有转机，又不徒关行钞也。

一、拟令典铺出入均准搭钞也。查现在典铺取赎者，用钞不敢不收；而当物者给钞，率多不要。使典铺之钞有入无出，将来资本罄而钞仅存，不能周转，必至歇业。典铺歇业，贫人盖无变动之方。应请令嗣后出入均许按成搭钞，此一行自为周转之法。

以上所拟四条，前二条是以实运法，而不必另筹钞本；后二条是以虚运法，而不至甚为民累。虚实兼行，商民交转，庶几流通罔滞。抑臣更有请者，现行官票、宝钞，虽非臣原拟之法，而言钞实由臣始。今兵丁之领钞而难行使者多怨臣，商民之因钞而致受累者多恨臣，凡论钞之弊而视为患害者，莫不归咎于臣；凡论钞之利而迫欲畅行者，又莫不责望于臣。而臣蒙恩擢任户部，业经数月，一无筹措，上负天恩，下辜人望，夙夜愧悚，实切难安。相应请旨，将臣交部严加议处，以谢天下，而慰人心，庶几浮言稍息。臣虽废黜，不敢怨悔。

谨陈管见，附沥下情，恭折具奏，伏乞圣鉴训示。谨奏。

王侍郎奏议卷七

请将徽州暂隶浙江折

奏为敬陈管见，恭折奏祈圣鉴事：

窃臣前见安抚福济请饷折，内称「江南四府信息不通」。又见请防堵徽、宁片，奏称「江南之池州、太平二府，现为贼匪出没之区，所有宁国、徽州、广德三府州，逼近贼氛，防堵极为紧要。臣等相距较远，文报或阻或通，筹饷拨兵，悉苦鞭长莫及」等语。是徽、宁、广二府一州，该抚之不能远顾已可概见。宁国、广德一路，钦奉谕旨，令潘锡恩在籍团练，当可无虞。唯徽郡僻与浙省相错，处万山之中，距庐最远。陆路既极崎岖，水路又不与江通而与浙通，故自来安省皆食淮盐，而徽郡独食浙盐，盖前人之因地制宜已如此。本年正月，匪徒攻扰祁、黟，劫财物，掳民人，其势方炽，一闻浙有援兵即至，遂惊走退去。是徽州有事，本省救援不及，必赖浙以救之。且徽处浙上游，为浙之西路门户，若有疏虞，顺流而下，以达于杭，实有建瓴之势。唯入徽之境，率皆崇山峻岭，能保徽州，方能保浙。况苏、杭素称富庶，久为逆匪觊觎，其所以不即攻扰者，以常、镇一路有向荣以扼之。上年扰及饶州，本年扰及祁、黟，未必非窥伺浙省之意。臣愚以为为今之计，似宜稍为变通，以徽郡暂归浙江管辖，缓急相援，可以借浙之力保徽，亦可借徽之力保浙。唇齿相依，庶期得力。

又臣闻上年徽属劝捐之钱集有数万，至今未闻奏报。想文报尚有阻隔，解运钱粮自更可知，此福济之请饷所以称信息不通也。若暂许由徽解浙，即由浙省报拨，实为甚便。一俟军务告竣，仍行改归旧制，以符定例，似亦因时制宜之一法。可否请旨敕下安徽、浙江各抚臣，察看地势情形，酌量办理之处，伏乞皇上圣鉴训示。谨奏。

再论胁从可矜折

奏为敬陈可矜情节，恭折仰祈圣鉴事：

读伏上谕：「因京师入夏以来，雨泽稀少，特饬刑部及顺天府，将已结未结各案遂一清厘。其有情节可矜，甚至含冤莫伸，务当悉心推求，即予平反，等因，钦此。」仰见皇上清理庶狱，感召天和至意。臣愚以为国家钦恤用刑，凡情节可矜之事，多蒙恩宥。问刑衙门仰承德意，似不敢更有冤抑。唯舆论所传，有似于可矜者，则为被贼裹胁之难民。逆匪自上年北来，每到一处，将良民加以烙印，饮以迷药，驱为前锋。不从，则登时杀死；从之，则冲锋受死。暂从而逃，则烙印难掩，必被查拿。曾伤官兵者，照律论死；未伤官兵者，论戍而亦将不免于死。夫民生托命于官，不能保护之而使为贼掳，弃室家，抛妻子，受命于贼，遇水则为桥，遇坑则为土，守则为濠栅，战则为挡牌，此情已可矜矣。幸得逃归，方谓再生可庆，乃以被胁之故，死仍难免。夫犯大逆作奸细者，无论矣；为贼打仗，伤及官兵，罪自应死，原非法之过严。然其中情节，则因贼迫以威，复迷以药。其打仗也非心之欲打，乃威胁之以不得不然；其伤官兵也，非心之欲伤，乃药迷之以不得不然。是其罪固应死，而其心固可矜也。至未打仗与未伤官兵者，亦有烙印，不能不拿。一经拿问，被胁时既经为贼供役，逃归后又不赴官报明，难保非奸，岂得无罪？仅于论戍，已属从宽。然而人既逃归，则当其为贼供役而其心固不忘国家，刻刻思逃也。其逃归而不投报，则乡愚无知，自谓归来即是良民，不知必赴官报明，而后可免罪也。是其人虽难免罪，而其心亦可矜也。

抑臣见自胜保军营回来者，据称屡次胜仗，杀贼极多，其间裹胁而并非长发者亦多，验之皆无烙印。又闻载龄奏拿获从逆之金有一案，据金有供：贼裹去的人，恐有逃走，都刺了字。因我投营替他出力打仗，并没将我刺字。是有烙印之人，皆贼所见为不愿从之之人，其可矜又有甚焉者。又闻各处拿获形迹可疑人犯，先自严刑取供，熏以香烟。往往有实未伤官兵者，因熏急难受，又不知杀伤官兵之必死，遂亦妄供。迨至辗转交审，前供难改，因而诬服。是从贼而杀伤兵丁之犯，其中亦或有可矜者。

伏思被胁之民，上年迭经奉有恩旨，凡此情节，久在圣心矜念之中。唯闻嘉庆六年，仁宗睿皇帝诏萧福禄尽释所俘胁从千余人，而渭北有久旱立雨之事。或者此内尚有可矜，当此畿辅未清，恐逆匪胁从以施狡诈；或未便明发谕旨，竟如官文在监利，将被胁释令归农。可否密饬问刑衙门，暂行从缓定拟；拿获衙门，毋许熏烟取供。又枭示已多，几不胜悬，可否令十日之后，许听瘗埋之处，出自天恩。臣愚昧之见，是否有当，伏乞圣鉴训示。谨奏。

【附】

上谕：王茂荫奏胁从人犯，情节可矜，请饬从缓定拟一折。逆匪上年北犯以来，到处勾结煽惑。其被胁乡民，良莠本自不齐，迭经近畿各路军营及步军统领衙门及五城拿获形迹可疑人犯，均由巡防王大臣等审明虚实，核其情罪轻重，分别定拟具奏。朕权衡至当，其实系从逆之犯，断不能为之曲宥；如系愚民，原未尝概予骈诛，亦非以烙印为凭，遽置重典。乃该侍郎辄请从缓定拟。试思执法贵在持平明慎，期无留狱。辗转迟延，案多积压，转非清理庶狱之意。至所称各处拿获人犯，先用烟熏取供一节，著问刑各衙门查明。如果属实，即将原拿承审之员指名参办。钦此。

论徽州续捐局扰害折

奏为民捐徒费，民患转深，势恐激变，恭折具奏，请饬查办事：

窃臣籍隶安徽歙县，徽州一府距庐最远。因安抚有信息不通之奏，又春间有贼扰祁、黟之事，曾于四月奏请将徽郡暂归浙抚管辖，一则以徽处浙之上游，必保徽方能保浙；一则以上年歙县劝捐，集有制钱数万，不能解庐，借可解浙，以供拨用。乃近闻上年民捐之钱，批有九万，已交齐者七万馀串；又公议合郡盐斤加价归公，收费二万有馀；又提取存典公项，亦有数万，统计不下十数万。因经手之人冒销不可胜计，现在均已成空，乃复立续捐局，用不肖绅衿数人，按户诛求。有不遵者，或带勇登门以扰之，或锁押牵连以逼之。有老幼同系者，有弃房变产者。数日之间，集有三万，又声称要五十万。区区一邑，何能堪此！现在怨声载道，叫苦连天，民情皇皇，不可终日，此患之甚者。

捐输所以练勇，练勇所以保民。乃正月贼至祁门大洪岭，防勇先行逃散。幸贼二月初一至黟，黟之绅勇乘其夜雷电大作，借浙援大至之声威，四起喊杀，贼惊慌莫测虚实，次早即速退回祁，旋退回安庆。经此扰害，宜何如简练义勇，以为防守。乃令所谓防勇，皆花会人，不守要隘，而驻祁、黟之市镇，终日四出，奸淫掳掠，无所不至。又复到处广开花会，以诱愚民。花会向为休、歙之毒，今更移毒黟、祁。黟、祁之人，始受贼害，今受勇害，又受各勇开花会之害。此患之在黟、祁又如此。现闻两邑不胜其害，群起公愤，有欲竖义旗以抗勇之议。若果如此，则徽必内乱。内乱作，必将引贼复来，而徽难保，即浙亦难保。伏查花会，久干严禁。其术类灯谜，以厚利诱人，堕其中者，至死不悔，故又称花灯蛊。本惟闽、广有之，自道光二十八年忽流入歙，渐以大盛，延及于休，因而倾家丧身者不知凡几。至三十年，知府达秀激于众论，亲拿数人惩办，风以顿息。一时士民作为诗歌以称颂之，谓此毒可永除矣，不意上年乃复炽。盖该知府本中人，非不可与为善，无如信一李姓门丁，唯言是听；而廪生潘炳照原名杭恩，因迭有控告遂更今名，素夤缘与李门丁结为兄弟。见安省失守，花会渐开，遂说该府，以听开花会可以敛钱招勇，有事可用。该府信之，而潘炳照遂与改行之吴日富，招揽无籍之人，大书义练局为名，而实以开赌场。于是闻风起者数十处，咸属焉而收其利。祁乱作，正有事时矣。该府急求二人，而二人避匿不见。迨至该府另募勇千馀，将赴祁，二人闻势已壮，乃复出，招旧无籍，陆续而行。始未得贼信，则互相推诿，逗留不进。迨至二月初五六，贼退已尽，乃于初十后争赴祁城，将贼所未掳去之钱米衣物，肆行抢劫以为功。祁城左右数十里，以奸劫死者不计其数。该府于十六日到祁，见勇如此，并不一行惩办，自宜即行遣散。乃他勇皆散，独留花会之勇为防堵，以花会之目为统率，约束无方，费用无节，加以总局开销，日费钱数百串，计月必数万千串，年即十数万千串。贼灭无时，民力有尽，遂使外寇不至，而民已有不聊生之势。

伏思国家劝捐，原不忍竭民之力。果所捐为报国家之用，即竭力亦所当然。若以民捐之钱养勇，即以所养之勇害民，竭良善之脂膏，供无赖之鱼肉，贼不来而肆行无忌，贼一至而避匿无踪，则民命堪怜，钱款尤可惜。当此拨饷支绌之时，似此捐数较巨，正可解供拨用，岂可听其妄费！夫防堵诚不可无，然贵兴团练而不可招募；绅衿原所宜用，然必择正人而力屏小人。凡入徽境，皆有险隘。诚就各该处访地方之正人，联本地之义勇，无事各安生理，有警互起救援，则费省而守自固。若误以招募为团练，用小人而致正人不敢出，则非徒无益而又害之。如徽歙今日，其患有不可胜言者。现在安徽巡抚军务方殷，并苦鞭长莫及。唯浙江巡抚黄宗汉，公正廉明，莫与伦比，极知徽、宁为浙大门户。宁守可恃，而徽守不可恃；地方易守，而人不能守。上年即发数十札以教达秀而不能听，拨大炮数尊，抬炮、鸟枪、火药等件以资之，而不能用。该抚春间一闻祁贼之信，立即发兵，四路驰救，告示万数千张，遍贴徽地，饬沿途预备粮饷。一时声威远震，贼之惊走，实赖其力。徽守无能情形，无不闻之。第以隔省，限于成例，未便竟派员管徽事。今徽民实不堪命，而防守浙亦兼资。可否仰乞天恩，密饬黄宗汉迅委贤员，潜驰赴徽，先将前后捐数查定，俾无隐没，再与核算；立即除勒捐锁押之威，以安民心；严拿花会肆扰之勇，以除民患；去不肖之绅衿而延访公正有才之士与商，劝捐带勇，扼要为防。于以保徽，即以保浙，地方生灵，均为幸甚。臣为惜捐款、安民生、保地方起见，是否有当，伏乞皇上圣鉴训示，谨密奏。

论胜保折

奏为敬陈所闻，恭折仰祈圣鉴事：

伏读上月上谕，「胜保围攻高唐已将两月，进攻总未能得手，兵勇亦有伤亡。蕞尔孤城，逆匪为数无多，何致日久负隅，屡攻不拔？乃本日奏，仍以挖濠铸炮借词迁延；似此劳师糜饷，何日始可蒇功？等因，钦此。」仰见圣明远照，策励必严至意。

臣维该大臣之从军也，人皆以杀敌致果削平祸乱期之。比到扬州，屡见胜仗；旋因追贼，由安徽而河南、而山西，奔驰数千里，转战无前，所向克捷。皇上鉴其奋勇，授以威柄，所以奖励之甚，至天下仰如神人；谓国家得此人为统帅，贼可计日灭矣。乃自入直境，声名顿减，因而攻独流不下，攻阜城不下，今并贼数无多之高唐，攻之亦不能下。中间虽有临清追贼之功，然闻由贼中自启猜嫌，互相攻杀，因而乘之，非真该大臣之能。且沿途杀贼，有黄良楷、徐有信两州县，亦非尽该大臣之力。似该大臣入直以后，绝无一可称者。夫以一人之身而前后异辙、利钝相反者，何哉？今之论者以为该大臣意殆，谓高唐破后，必责以破连镇，责以南下而破金陵、镇、扬，彼自计不能，因而养此小寇以自安。又或谓该大臣为小人所惑，现已耽于声色玩好，日饮酒为乐，不以军务为重。臣谓该大臣素以报国自命，当不至此。唯以臣所闻，则其无功盖亦有由然者。臣闻该大臣有不得民心之道焉。谢子澄之保天津也，天津之人爱如父母，而乡勇之力亦实足多。设令该大臣到津，即将该令极力保奏，将乡勇从优请奖，则足以收民望而作士气。乃计不出此，而津人之心遂不属之矣。张亮基之在山东也，民颇称之，乃当正带兵勇连日杀贼之际，突闻被参，一时咸为不平，谓该大臣以私意相劾，而东人之心又不属之矣。此其不得民心也。乃又有不得将心之道焉。当其乍膺统帅，年轻资浅，诸营宿将未免轻视。而该大臣既不能谦冲以用群才，又未能调度出奇，如周瑜之有以服程普，故其不甚听令处有之；至达洪阿被参，而诸将听令唯谨矣。乃该大臣与诸将绝少见面，曾不聚而后谋，谋而后动，每日但传令派某军出队，其出队之如何运谋，如何制胜，即领军人不知，其馀将弁又安能识大帅之心？不能得心，安能应手？夫分营围剿，其间相距数里、十数里不等，必待令而动，则南营战而北坐观，东面攻而西袖手，固无足怪。然兵至於不相救应，岂有胜理！军务机宜，间不容发，贼虽诡谲，岂无间隙可乘？有可乘而莫之乘，往往都成错过，则不得将心之过也。且又闻有不得兵勇之心者焉。盖其待兵勇也，厚薄不免歧视，故勇多不为用。至兵宜为用矣，而又以宽纵失之。当其闻令不进，见贼辄退，未尝不肆口痛骂，极称要杀；而一经求免，即止不问。夫军令如山，大帅一言不可苟。苟可不杀，不宜轻出诸口；业经出口，则令出唯行，乃所为必罚也。杀而可以求免，其兵尚可用乎？

凡此三者，有一不得，似即足以偾事。且自来行军，贵在以多算胜，不闻在多出战也。乃闻我军每日必出几成队，望贼营施放枪炮。贼初不出，待我火药尽而兵气衰，则突然冲出，故兵往往见贼即走。夫兵日出则疲，分出则单，我劳而彼逸，我竭而彼盈，似皆非出胜算，而终未闻变计。夫该大臣非所以称转战无前，所向克捷者哉，何为而至此？臣尝细加访闻，知该大臣喜人称颂战功，又时以百战威声、一腔血愤自负，而窃有以得其故矣。人心一有自喜之念，则骄矜不期而生。由是谀言日至，善言不闻，一切措施皆误而不自觉。故骄兵必败，自古为戒。夫勇往直前，冲锋不避，此该大臣之能也，然此乃战之能也。古之大将不矜己能，不伐己功，集群谋而必使无隐，用群力而务尽所长，该大臣岂未前闻，而遽以自足耶？现闻该处，贼止数百，兵逾两万，而该大臣方远调铁工，穷搜废铁，以铸大炮为攻城计。夫以两万之兵，攻数百之贼，围之数月，乃谋铸炮。炮铸成不知何日，窃恐贼不能待，必有他变出，而炮无所用之矣。昔诸葛亮兵数败衄，自咎不闻其过，谓诸君攻亮之过 则兵决可胜。田单以破燕之威，攻狄三月不能下，一闻鲁仲子言而下之。该大臣倘法二子，去其骄气，而以虚心博采人言，高唐之拔，似无庸更待铸炮耳。臣於该大臣初无素识，然爱之重之，亦尝称其能军矣。方今将才不易，岂忍从而毁之。无如举动日非，声名日坏，诚恐将以骄矜致误大事，而该大臣亦不得保其功名。用是直陈所闻，伏愿皇上激励裁抑之，又从而提撕警觉之，使之憬然有悟，翻然改为，由战将而进跻于大将焉，则国家幸甚，该大臣亦幸甚。臣愚昧之见，是否有当，伏乞圣鉴训示。谨奏。

请保护徽宁以固苏杭片

再，臣闻向荣营中，于上月中盘获奸细，探知瓜、镇江面不能畅行，往来拟由黄天荡直达苏、松，恐此路防堵严紧，则由徽、宁绕赴杭州、苏州，以苏杭粮米所出，必须取为持久之计等语。闻六月杪七月初间，果有贼船七百余只，突入池州大通河，已抵青阳，将分路由徽、宁窜扰入浙。该浙抚臣分派兵勇往援，嗣后不知该匪船退出与否。臣思浙江虽似完善，而兵单饷竭，人所共知。该抚臣尚能将本届全漕运津，京师人心藉以安定。即苏省本年未经办漕，若年复一年，浙之嘉、湖近苏诸郡，势必效尤，抗不完纳。是今必得早奉严旨，饬下新任苏抚臣，督属预筹新漕事宜。况该省岁收丰稔，积谷必多。今贼匪已觊觎及此，岂可不急为之防。保护浙、苏。必先保护徽、宁；欲徽、宁之晏安，必先於江面上游太平、芜湖、池州三口岸，派委水师得力将弁，多带师艇、拖罟，红单各船，於各口岸堵剿兼施，联络上下声势。但能不令一匪船阑入内河，则所以保苏、杭，以保全明岁南漕者，为功实大。倘此三口不能扼守，而徽、宁稍有疏虞，则顺流入浙，不日可至杭州。浙江未经战阵之兵，即该抚训练激励，不至畏葸，而力不敌众，有堪深虑者。彼时大江南北两帅，以收复镇江空城、瓜州破垒为捷报，臣窃谓所得万不偿所失也。伏望谕知向荣，严饬水师，多派师船，横截太平、芜湖江口；仍望特饬琦善，分拨水师，溯流而上，直达安庆对渡之池州大通河口，实力戒击，与太平、芜湖两口之师船联为一气，不得稍存畛域之见。奏以水师人员与船只兵勇无可分拨为解，则所以为浙江、苏州维大局者，自在圣明洞鉴之中。臣不胜焦虑迫切之至。谨附片具奏。

应给打仗受伤官兵俸粮例文各异折

奏为例文各见，例意互明，敬拟推详，恭折奏明请旨事：

窃臣查兵部例载，出征受伤、休致员弁，分别给俸饷一条，称：「副将以下守备以上官员，因老、病告休，其曾经出征打仗受伤者，六十以上可否赏给全俸，五十以上者可否赏给半俸，均请旨。如打仗受伤在三处以上者，无论年岁，均以可否赏给半俸，请旨。」此官员因受三伤而不论年岁给俸之例也，而未言及残废。又，优恤出征残废年老兵丁一条，称「曾经出征打仗兵丁，年届五十以上不能差操，解退名粮，有子弟在营食粮者，月给饷米三斗，无者给守粮一分。其受伤患病致成残废，解退名粮，无论年在五十上下，有子弟在营食粮者，月给饷米三斗，无者给守粮一分。」此兵丁因残废而不论年岁给粮之例也，而未言及官员。例文如此，部中办案因於官员被枪炮一伤致成残废请给俸者，即以非三伤、非在五十以上议驳，而兵丁有因伤年久成废请给粮者，以无论是否一伤、是否五十以上议准。

伏思官员之俸即兵丁之粮也，国家之待官员，较之兵丁似应加厚。乃兵丁残废，不论是否三伤、是否五十，均准给粮；而员弁残废，则以伤非三处、年未五十不准给俸，似不可解。且例文所载，系老病告休与年老退粮之条，其人受伤后食俸食粮尚历有年，而犹议给俸粮；今则临阵受伤登时成废，即不得议给俸粮。方今军营多患退缩，其能受枪炮成残废者，大抵奋勇直前、不肯退缩之人也。以现在奋勇之官员，不得比於年久退伍之兵丁，恐非激励将弁之意。

臣因再四推求，窃意例文于员弁给俸、兵丁给粮，皆有论年岁、不论年岁两层。论年岁者，言其劳之常；不论年岁者，优其伤之重。顾于优恤重伤之中，官员则言三伤而不言残废，兵丁则言残废而不言三伤。盖三伤虽重，较之残废则为轻；至于残废，则伤之多寡可不论。于官员言三伤者，意谓但有三伤、不必残废，即准给俸，而残废之应给自可推。于兵丁言残废者，意为苟非残废、虽有多伤，不得给粮，而三伤之不给亦可见。两条并看，言三伤见举轻之可以该重，言残废见举重之不能该轻，而国家待官员视兵丁加厚之意，亦因以见。盖文虽各异，意实互相发明，并非谓兵丁残废准给粮，官员残废不准给俸也。臣以管见推测例意如此。现当激励奋勇之时，敬引陈奏，恭候宸裁。是否有当，伏乞皇上圣鉴训示，谨奏。

【附】

上谕：王茂荫奏官员兵丁打仗受伤应给粮俸，例文各异，奏明请旨一折，著兵部议奏。王茂荫于本部事宜并不会同各堂官商议具奏，辄自单衔请旨，殊实不合。王茂荫著交部察议。钦此。

十月初六日，部议复奏，奉上谕：前因侍郎王茂荫奏官员兵丁打仗受伤应给俸粮，例文互异，当降旨交兵部议奏。兹据该部酌议，「奏请分晰给俸」、「并明定例文、以防冒滥」各等语，嗣后除受伤不及三处、尚未残废，仍不准给俸外，如伤虽一处而实际残废者，著各路统兵大臣及各旗营大臣并各省督抚确切查明，取具结册送部，该部即援照受伤三处可否给予半俸之例，奏明请旨。馀依议。钦此。

王侍郎奏议卷八

论贵州土匪情事折

奏为敬陈所闻，恭折奏祈圣鉴事：

窃臣闻贵州桐梓之变，初因遵义府各属征粮过重，桐梓县革役杨侬喜即杨沨因而痛惑。上年早有风声，前令张克纶不行举发，但乞卸任；后令陈泰阶于闰七月间见邑民纷纷告变，遣门丁罗姓往查。而罗阴与贼通，复寝其事。邑民无所赴诉，相率迁徙。八月初六日，杨沨及小霸王陈姓入城，城已空无居人。贼执陈泰阶，剥其衣冠，送至遵义府前而纵之。此贼初起桐梓之情形也。遵义知府朱右曾闻警招练，约副将常胜带兵往剿。该协兵除征调外，尚应有四百馀名，乃常胜向务侵冒，仅存空册，无以应。该府再四催促，勉强雇得五十人，会同前往娄山关防堵。有生员杨姓者，率团练二百人，约该协等往关前，而已从山后绕出为夹攻计。迨杨姓至山后大呼，而山前无应者，遂奔溃。杨姓三十馀人，后遂被害。该协既畏缩不敢进，迨贼过娄山关，反遁入城，而贼遂长驱至城下矣。此副将畏缩，遵郡被围之情形也。省城闻报，大吏相顾推诿。至十四日始定议以藩司炳纲统兵，至二十八日，始与提督赵万春至遵属之螺蛳堰。贼众千馀扑营，时营中兵不满三百，以重赏催募挑夫出战，伤毙贼八人，贼遂溃败，亦见贼之不难破矣。乃该提督等，既不乘势进攻，又不驻扎防守，反星夜退奔乌江以南之母猪箐，而贼遂日炽，省城震动矣。二十九日，贵西道福连统众至螺蛳堰，遣迎大军。该提督与藩司不敢前，约福连到营会议。及至，了无一语，但欲福连来同驻。于是福连忿去，率其众折回黔西属之打鼓新场扼守。先是游击保山、县丞陶履诚、署知州徐河清分路赴援，二十三等日颇多得胜。又有文员韩超自龙坪趋枫落桥，转战入城。二十八日贼来攻时，歼杀百馀，而贼遂遁。若该提督等乘此急往力剿，不难立行扑灭；乃顿兵不进，致使保山、陶履诚遇害。省中绅民咸咎之，议具公呈，请促进兵。该提督始于九月十三日至中庄铺，十四日分兵数百，欲带入城。时韩超与贼接战，已获胜仗。该提督登高观战，为贼所乘，几成擒矣，幸韩超回救得免，而军械火药尽失，军威大损。十五日，该提督传令回大营，兵已出城，嗣闻城外有贼，忽又传令退回。贼见之，鼓掌嘲笑。十六日，贼攻郡城，提军不敢出，至四更后，潜率兵开南门，欲回大营。城外司号火者不知为官兵也，惊呼贼至，该提督仍踉跄遁回城，遗失铅子药箭多件，其实并无贼也。二十二日，贵东道承龄至，适贼退雷台山，该提督乃乘间偷返大营。有高天泽者，总督罗绕典之戈什哈也，奉令先来，自二十八日后，每率练与韩超、徐河清等进攻，为前队，而提督分四五队随后。每高天泽等得胜回，提督二队不过隔山助喊，三、四队则从未得见也。又有武举颜姓，于进攻时持大纛直前逼贼垒，以后军不继而陷。此提督懦怯，屡次失机之情形也。抚臣蒋霨远自八月初闻警，至九月十六日始出省，驻离城七十里之札佐场，既不前进，又无调度。遵义绅民以提督退缩，奔控乞请赴援，该抚臣彷徨失措，有自认庸懦无能之语。又札佐米价与省城同，委员采买多克扣，致民畏阻。由省城搬运一石，费两石之价。此又巡抚防贼办事之情形也。

该省副将如此，提督如此，巡抚又如此，似与所报迥不相符。现在贼围遵义，分股破仁怀，困绥阳，侵黔西，渐成燎原之势。合省延颈企踵，日夜望总督军到，而罗绕典甫到即殁。又闻遵义府之安南、普安一带，另股土匪蜂起，势尤猖獗。并闻独山余党余光裕，纠粤匪万余来寇，深沟高垒，其意叵测，该省之危急实甚。伏思现在畿辅未清，三江未靖，何能筹饷调兵，远顾黔省。然该省界连西粤，粤匪方张，必将连结，若不早灭，亦且蔓延。该省地瘠民贫，兵单饷乏，众所共见，办诚非易。然果先得能办之人，亦必有可办之法。闻桐梓贼初起时，不及千人，过鸡喉关约四五千人，近在雷台山约万馀人，分扰绥阳者四千人，往黔西者千馀人。此见办理贵速，方免蔓延之验。又闻湖北臬司胡林翼，前在贵州府、道各任，剿办黎平、镇远、都匀、平越一带苗匪黄平甕安滋事等案，所到之处，办理有方，士民贴服，匪徒闻风解散，全黔士民至今思之不置。即今桐梓逆匪，年前亦有「胡大老爷在此不反，俟其去之再反」之言。此又见能得其人，自可办理之验。今湖北收复，善后事宜有总督杨霈主之，料理或不乏人。可否请旨特饬胡林翼星驰前往，办理军务；再请饬云南、四川两省，速为添兵饷以济之，庶可迅期平定。胡林翼未到以前，应请于该省诸大员中，去其畏贼之人，而责成不畏贼者，督率福连、韩超、高天泽、徐河清诸人，力筹防剿，庶免逡巡粉饰，致误事机。至生员杨姓、武举颜姓，皆以同仇敌忾，奋勇捐躯，似宜令查明请恤，以作团练绅民之气。臣愚昧之见，是否有当，伏乞皇上圣鉴训示。谨奏。

折江南北捐局积弊

奏为捐局林立，官私杂出，恭折具奏，请饬查办事：

窃维苏省自军兴以来，大江南北，供亿浩繁，拨款难继。经帮办军务、现任江苏布政使雷以諴奏请抽厘助饷，固一时不得已之策；然果于江之南、北各设一局，于商贾贩运往来抽取百分之一二，似亦未为有害。乃今闻该省自二三月来，扬州以下沿江各府州县，三四百里之内，有十余局拦江设立，以敛行商过客，名曰捐厘，实同收税。且其间有官者，有私者，有名官而实私者，种种情形不一。局愈多而民愈困，弊愈滋矣。闻商贩莫盛于米粮，扬州府属泰州等处为出米之区，商民装载至苏出粜，置货而归，往来不空，稍获微息。兹以各局报捐，计米一石，成本制钱二千，历十余局捐厘，便加至千文，价不偿本，渐成裹足。苏、杭储积不充，势必采买维艰，商力因此而疲，民食由此而匮。他如杂货有税，银钱有税，空船有税；至于烟土、私盐，久干例禁，今则公然贩运，止须照数捐厘，便可包送出境，伤国体而厉商民，莫甚于此。苏省各属，贼氛逼近，团练巡查，在在均关紧要，一切经费，自必藉资民力。然大捐则有助饷之款，零捐则有团练之款。近复各行店铺，按月抽厘，轮常而下，靡不遵办。加以沿江捐局，已虞民力难供。况加以贪劣之假公济私，棍徒之藐法行私，谓归粮台，则不尽报解；谓归团练，亦半属虚文。且或托名召募，则以浮冒任其开销；假号巡查，则以招摇供其侵蚀。又其甚者，恃众以敛钱，又以钱而聚众。至普安、薛家港等局，竟有互图吞并，大肆争杀，居民、商贾无不受害之事，在丹阳县历有控案，非特竭民脂膏，尤恐酿成巨患。谨将各局名地方缮具清单，恭呈御览，请旨饬该督抚并军营大臣，将私设之局，密派弁兵潜往查拿，以防抗拒；将假公济私各局，密派妥员潜往查察，务将各该处按月收捐号薄立时拿获，以便按薄追贼充饷；再将各局分别裁撤、禁止。于江北设一局以济扬州军营，饬江宁藩司文煜主之；江南设一局以济镇江军营，饬署常镇道萧时馥主之。倘有侵吞扰害等弊，唯伊等是问。如此，则商皆乐输，民无扰累，匪徒知所儆畏，而军饷亦有裨益。臣愚昧之见，是否有当，伏乞皇上圣鉴训示。谨奏。

谨将各局地方开单恭呈

江南诸局：

一、奔牛局，在常州府武进县地。系粮台署常镇道萧时馥奉文设立，捐厘协助镇江军饷，派有委员绅董经理。

一、小河局，在常州府武进县地。先系本地绅士设局防江，后因徒阳江面复设有局，此局遂撤。有沿江棍徒恽嵩山等，私立数月，复夤求官为朦禀，派设委员，税及空船，收用无赖。所捐厘数，每月仅解粮台二三百千，馀多朋分入私。

一、普安局，在镇江府丹阳县钱家港地方。系丹阳劣生朱泰临即朱乔设立。三月中立局，五月中与丹徒沿江两局聚众争斗，互欲吞并，火烧沿洲民房，伤毙多人，经洲民在阳邑报明，出示禁止。朱觉站不住，往投雷营，即托名为雷营所设，未知真假；其所收捐，未知能否真归雷营用。

一、西新港局，在镇江府丹徒县地。系丹徒人蔡友先等五月中设立。

一、薛家港局，在镇江府丹徒县地。系丹徒人王耀书等五月中设立，纠合西新港局与晋安局聚众争斗，勾引艇船十馀号，沿洲焚掠，丹徒县有案可查。

江北诸局：

一、三江口局，在扬州府江都县地。系前提督余万清委员设立。

一、仙女镇局，在扬州府甘泉县地。系江苏布政使雷以諴奏准设立，现归江宁布政使文煜经管。

一、口岸局，在扬州府泰兴县地。系镇江劣生卢七设立。卢本不安分，交结盐贩，设局收税。嗣经扬州府知府禁止，现仍设。

一、八围港局，在常州府靖江县地。系靖江县知县冯姓所设，委靖江典史王墉经营，所捐厘数每月千馀串，分文未缴，经分局粮台萧时馥节次催提，仍然不解。

一、六围港局，在常州府靖江县地。靖江县丞杨国均所设。七月中旬曾解过粮台钱二百千，以后未解。

内河二局（内河实在不止二局，此系武阳最著名者。）：

一、戚墅堰局，在常州府阳湖县地。此系往苏州要路，初设原因团练日久，费无所出，暂行设局捐商。后遂收及烟土之税，难以查考。

一、西夏墅局，在常州府武进县地。系焦湖船帮所设，专收私盐之税。动辄聚众数百人，赌博斗殴，横行无忌，所收钱文，按股均分，官不敢问，恐其生变。

收买铜斤济用折

奏为请收买铜斤以济部用，恭折奏明请旨事：

窃维今日所急，莫如筹饷。而筹饷所赖，尤在铸钱。凡诸铜斤短绌，解运维艰，采买匪易等情，虽设官分职，固自各有专司，而国计军需，未尝不同深焦虑。乃筹思采访，间有素识之乍浦旗人、已革知县成兴来称，访有商民十馀人，多有铜斤，兼能采办，第不敢与胥吏交涉，是以隐而不出，诚能于收买间立法平准，免受亏折，该商民等即能采办交收。当询该商民等，所称采办，究能采办若干，据成兴称，总在百万斤以上。臣初不敢信，因告以果有此数，能遵官价，每十成铜京钱六百文一斤，其余按成递减。着该商等各将认办铜数，出具切结来看。旋据成兴取具各商切结交来，查各结商人共十余名，认办铜数共百余万，皆有「遵照官价交收，如虚甘罪」字样。臣犹未敢深信，随约日期，令该商等聚齐，细加询问，并令出具总结，当面画押，一一皆无异词。且察该商等所言能办之数，似尚不止于此。查此项铜百万余斤，足抵滇省一运。以滇铜八成之价计之，重若京钱四十八万串，需银不足十万两，较之滇铜一运，甚有节省。该商等畏与吏胥交涉，无非虑称头成色或有节下，致受亏折。应请旨饬下户部妥筹收买，务使商情克通，不致畏阻，自足以济部用。俟户部议定之后，臣即将各商结移交办理。再，此项铜斤由已革知县成兴访来，各商人皆其所识，必得责成始终其事，方免推卸。唯成兴系乍浦驻防，应回乍浦。可否请旨，饬令暂行留京，责成将此项铜斤交清，再行回旗之处，出自天恩。

臣愚昧之见，是否有当，伏乞皇上圣鉴训示。谨奏。

论长江形势请急图九江折

奏为敬陈管见，恭折仰祈圣鉴事：

窃臣知识庸愚，见闻浅陋，各路军情鲜能深悉，然于访闻所及，而以形胜揆其大势。窃谓南方之势全在长江，长江之要全在九江。此陆建瀛当日之败逃，所为关东南全局也。夫以曾国藩、塔齐布水陆两军，三日而克武汉，长驱直下，势如破竹，独于九江数月不下者，盖贼以九江为扼要，故悉全力以守之，如扬州瓜步，虽屡挫败，终不肯舍之。今之分窜汉口，正欲使我师回救，彼乃得保九江而无忧耳。若曾国藩等一行回救，不独前此之功废于一旦，即后此欲复至九江城下，窃恐难矣。何则？贼惩前失，但得我师一动，必悉九江之全力以上拒，使我不能下行也。贼势之盛，全在得长江千数百里之地恣其游行，数省沿江郡县恣其劫掠。兵无阻处，粮无断处，故得肆行无忌。今自汉口至九江，其间亦几六百里。我兵驻九江不退，则此段江面为我有；虽不回救，而与上游声势联络，尽可调兵拨船于其间，贼终有畏忌，不能往来自如。一退，则全江皆为彼有，下游消息不通，纵留兵于九江，亦必被其拦截。此九江之所以万不可舍，而回救之非策也。

或曰不上救武汉，则下攻金陵。此尤不能。九江以下彼必皆有防守，我兵岂能直达？倘贼情诡谲，故纵兵东下，因而抄袭我后，腹背受敌，祸更难测。为今之计，唯有专心一志，力图九江。九江未下，不独将不可轻动，即兵亦不可多分。九江既下，亦必多用兵勇，扼要驻扎，以成重镇。盖此地为贼所死守，即为贼所必争。其守瓜镇者，意在扼我之吭也；其守九江者，惧我之扼其吭也。我得其吭而扼之，彼岂肯遂甘心？唯以重兵驻之，以大将守之，使汉阳之贼不能下窜，安庆之贼不能上驶，全江之险为我所踞，上下调度，呼应皆灵。此九江之守与不守，得失攸分，而万万不可轻动者也。其攻九江之策，曾国藩等自必筹之已熟。而由臣愚见，我兵若由间道入江西，与江西之兵联为一气，从南康、星子一带水陆横冲而出，彼必难防。若曾国藩由内攻入，塔齐布等由外攻入，似更易于得手。湖面既清，江西安堵，更可招募练勇，多备饷需，为严扼九江之助。至于汉阳之贼，总督则有杨霈，将军则有官文。若能办贼，似不必定须曾国藩等二人；若皆不能办贼，专恃二人之来，则恐二人虽来而亦无济。然此则在圣明筹度之中，非臣下所敢妄为拟议也。

臣以愚昧之见，私为悬揣，是否有当，伏乞皇上圣鉴训示。谨奏。

请饬张芾往徽宁一路防堵片

再，臣闻徽州现又被贼，贼屡窥此，意必有在。此地倘为贼破，则以建瓴之势东下浙江，固在意中；而西道江右之饶州，一湖相望，又将与九江声势联络。且由徽而与池、太之贼，三面以攻宁国，宁国势不能守。宁国不守，则安省之江南四府已为打成一片，而苏、杭处处皆通，于大局甚为可虑。徽州处万山中，四面崇峻，原自有险可守。无如府县皆甫到任，而本地绅士又鲜御侮之才。学政沈祖懋闻现带勇赴渔亭防堵，素少经练，恐亦难恃。即浙抚极力维持，亦止能固东方一面。窃见前任江西巡抚张芾，曾奉旨交和春、福济差委，江北大员颇多，可否请敕将张芾派往徽、宁一路，择要驻扎，筹办团练防堵等事。资其声威，加以董劝，当较得力。是否有当，谨附奏。

请暂缓临幸御园折

奏为时势艰危，敬竭愚虑，恭折仰祈圣鉴事：

伏见皇上眷念松楸，时深殷慕，特举谒陵大典，而于民间之烦于供亿，民力之不忍重劳，恺恻殷肫，恫瘝在抱。大孝至仁，敷天共仰，咸知此为圣人不得已之衷，万难安之隐也。乃愚顽无知，妄行窥测，遂谓回銮后即将临幸圆明园，臣故有以知必不然矣。然人言日盛，必当有以解之。臣请历陈其不可，恭俟皇上明谕斥责，藉以息愚顽之妄议焉。

皇上深处法宫，于兹二载矣。所以然者，缘国计艰虞，民生涂炭，忧勤惕厉，宵旰勤劳，不暇有事于游观，非因寇侵畿辅而然也。若连镇甫平，即临幸御园，则人将谓东南大局之艰危，各省小丑之窃发，皆不若连镇一隅，上廑圣虑。恐贼匪得窥我意之所重轻，而肆其诡谋，如夷人之每以北来为恐喝。此一不可也。且贼亦正可虑矣，逆首李开芳狡诈异常，难保不复窜出。河南、山东现以银贵赋重，穷而思逞者不少，一旦勾结潜通，裹胁复众，势均难测。又闻杨霈屡退，扼贼不住，万一窜入河南，尤为可虑。若其时遽行还宫，则未免示轻；若不还宫，则非所以重宗庙。此又一不可也。臣又闻，南北各大营兵勇口粮不能时发，有积至数十万者，往往给以期票，动逾数月，兵勇衣食时有不周。每攻贼，贼辄以此种语诱惑我军，军帅之难以克期督战，难以尽按军法，每由于此。此时唯闻圣躬忧勤节俭，尚可感慰饥军，不致含怨。万一传闻临幸如常，士卒生心，或起嗟叹，亦为可虑。此又一不可也。自古帝王之学，首于主敬。尧曰钦，舜曰恭，千古心传。皇上以乾健不息者，心体而力行之。圣驾在宫在园，夫岂有二致！顾圣敬原自日跻，而浅识者但即动静之迹以测敬肆之衷。若见临幸御园，将谓贼灭无多，时平有待，而圣心已有稍宽之意，恐非天下仰望之心。此又一不可也。方今廷臣才识庸下，咸不足仰承德意，独赖皇上振作于上，犹不敢十分怠玩。然今年以来，意气恬熙，已非复前两年之戒谨恐惧矣。若见临幸御园，则人心必懈弛，将至共耽逸乐，而振作愈难。此又一不可也。且今日公私之困亦至极矣，度支之绌，筹拨无从，固不待言；即各衙门公项，各省概不解到。书吏应领饭食多二三年未给，褴褛当差，每至跪求革退，司员日常进署有步行者，京堂率遇堂期雇车进署一次。盖在城之竭蹶如此。况御园各朝房，闻多损坏，兼有倾圮，无项可动支修理，何以办公。此又一不可也。

凡此不可之端，自皆在圣鉴之内。臣等以人言懵无知识，求皇上明降谕旨，直斥其非，使天下咸晓然于大圣人举动迥越寻常，固非下愚所能窃测。即或圣心偶有此意，亦望俟克复金陵之后，再或迟之又久而后行之，暂勿轻发，庶免为人所窥。盖为人所窥，即恐为贼所窥。为此冒昧上言，伏乞圣鉴，臣无任悚惶战栗之至。谨奏。

【附】

上谕：王茂荫奏请暂缓临幸御园一折，现在并未传旨于何日临幸圆明园，不知该侍郎闻自何人？令军机大臣传问，王茂荫坚称得自传闻，未能指实，殊属非是。在廷诸臣陈奏事件，如果确有见闻，朕必虚衷采纳。若道路传闻，率行入奏，殊非进言之道。王茂荫身任大员，不当以无据之词登诸奏牍，着交部议处，原折掷还。钦此。

论徽州练局积弊折

奏为请筹济用，并除祸本，恭折奏祈圣鉴事：

本月署吏部侍郎沈兆霖，因徽州连年被贼，多向浙请兵请饷，奏请添设皖南巡抚。奉旨交军机王大臣等妥议，臣亦随同议上矣。唯臣见闻所及，有徽州现时之急务，请更为皇上陈之：

一、请急筹济用也。地方经兵燹之后，劝捐匪易，济用为难，然有非难者。徽自三年劝捐设防，即歙一县已捐钱八万余串，用至年底，尚存四万余串。四年春，义练勇局出而再捐，又收数万串，秋后学政饬各县捐输，又收十万余串。各贷捐厘七千余串，茶引捐厘银数百两，府库存银三万两，惠济堂银数万两，乡试卷烛银数千两。此外，尚有提取各项存典本银，各邑所收钱粮，各邑捐输银钱，并浙省与建德协借银两未详数目，统计以钱合算，总不下七八十万串。今年正月即称饷匮，岂上年一年竟能用尽？其中隐存者甚多，一行严查，自然即出。闻四年正月以前收捐，皆由歙令刘毓敏。该令夏间丁忧，将银钱册籍皆带公馆，任催不交。至今年贼近，乃遂逃归山东原籍，其时贼未到城，不得藉口被抢，此可查出者一。上年贼扰祁门，退后有劫掠未能带去之米数万石，存各大姓祠堂，官兵到后，即为封起。议以济祁邑难民而未行，究竟作何用去，此可查出者二。义练局到处勸捐，自收自用，糜饷数十万。练勇并无花名册，发饷并无报销册，其浪费固不堪言。然有置产者，有寄顿者，此可查出者三。学政设筹饷局，捐项皆交府库，学政但发实收，颇为清楚。后来有自收自发者，人初不知。因学政传钱号入验银色，见银甚多，且有金条，均称系捐项，乃始知之，此可查出者四。二月初六日，练首潘炳照等见贼已逼，将发出在局之惠济堂存典本银，朋分而走。十一日，潘炳照探贼未到，复持刀至府库，强取千金以去。时库尚存五六千金，署府门丁宋姓拿去二千，余者库吏杨大昌、礼吏孙培分而携之，皆有书院司事许良贵目见。又，学政委管街口抽厘之林用光、吴瑛皆浙人，闻郡城破，即将收存未解之项朋分，顺流各归乡里。因分不均，有持刀相杀之事，此可查出者五。又上年冬，各邑所征钱粮解交府库，以备解庐州大营者数万两，均未及解。贼未至前，该署府曾有安顿，此可查出者六。以上各款，数皆不少，但能查出，即可济用。且一行清查，各捐户见所捐不至尽成虚掷，亦必勉而再捐矣。

一、请严除祸本也。徽州之难，由于练勇非人。而练勇所以非人者，则知府达秀误以花会为之也。该府初颇禁花会，缘稟生潘炳照素结门丁李作塘为兄弟，窥该府方欲练勇，因共诱以听开花会即可敛钱聚勇，平时无需养费，有事可以得用。既入听，遂招向为会首之吴玉富行之。树旗帜大书义练局，聚无赖不法之徒以广开赌场。然犹仅收赌场钱，未至济公饷也。上年祁贼退后，吴玉富带花会人同往，耀武于无人之地，搜刮附近财物以报功。该府信之，而留其勇为防赌。乃更于各邑遍开花会至数百处，赌场益广，勇势益横。集勇不过二、三千人，且来去无常，而虚称四千余名以领饷。借官以毒民，而民莫如何，借勇以挟官，而官莫如何，一时贪利附势之徒，又从而张其焰以助之。各隘口有自设勇为防者，必撤之而易以花勇，绅士有异议者，则使毁其家，殴辱子弟。以致正人屏息远避，而该府自知被误而忧急以死。学政沈祖懋之至徽也，初亦有闻。潘炳照入谒不得见，势稍敛。讵有猾人汪致安，时出入沈署，自称为沈门生。潘因密结之，以通门丁与幕友，声色货利，恣各所欲，于是学政署无非为潘言者。乃复使人请潘，凡三请乃至，吴玉富亦然。时署府恩禧、署县博铭与合郡人皆知练勇糜饷滋事，甚至将建德之源头等处焚抢几二十里，该处人痛恨入骨，必将有难。且平日从无训练，贼至必然溃散。而学政则唯言是听，任其冒滥非恣而不禁，且亲书「新安捍卫」四字以赠玉富。又凭玉富口称欠发饷数万，请作捐项给以都司衔实收。于是人人皆知祸难之必作，而贼果至矣。贼至而勇即溃逃，且布散谣言，乘机抢掠，一一如人所虑矣。今合郡恨潘、吴二人，咸欲生食其肉。二人固为祸本，然非倚知府与学政，何能至此？则李作塘、汪致安又祸本中之祸本也。数人若不严除，则鬼蜮之技，势必百出，难将靡底。至其党与甚多，难以尽举。然助恶分肥者，悉载人口，一访可知，均应分别惩办。至学政本文学之才，未习团练，一任练勇等所为，在其意殆欲羁縻以为用，而不知此种不正之人，不练之勇，专为縻饷而集，胸中早办一逃，断无可用之理。且一用此等人，必至声名被其所坏。潘炳照等借称学政清苦，于茶厘每引为扣二分五；又适缘一富室以重赀拜认门生，遂有「苦不苦，茶厘只扣二分五；清不清，拉着捐户拜门生」之谣。今贼虽退，人惴惴然咸虑学政将引潘炳照等复出，使花会再开，匪徒重聚，则徽之内患即不可为，故有谓「学政一日不去，徽难一日不止」者。物议繁滋，虽难尽听，然众口所传，未必尽属无因。应请饬令该学政勿管收捐练勇之事，实为幸甚。

以上二条，实为徽州现时之急务，请旨密饬浙江、安徽两抚，转饬现在徽州之委员，即行查办。至徽祸始终，皆由花会，尤宜饬地方官严行禁断，务必绝其根株，地方有幸。

臣因见闻所及，敬以上陈，是否有当，伏乞皇上圣鉴训示。谨奏。

论荐博铭唐宝昌江长贵片

再，臣闻上年有署歙县知县博铭，系旗人，识见精明，能洞烛义练局之奸伪，尝拟为《保徽八条》，见者无不钦服。其遇事之勇往，尝因有警，即乘马将徽境边界遍巡一周，谓徽州如住胡同内，断无不能守之事。因循于学武，议参不行，遂以新任有人而去。士民欲留不得，咸深惜之。又休宁知县唐宝昌，甚有勇略。该县初次被贼，因甫经到任，未及守御而出，谓徒死无益，誓必克复此城。故当克复时，该员皆策马当先。二次被贼，该员业已丁忧，然当攻城杀贼，仍奋勇如前。又有都司江长贵，待勇最为得力。二月逾亭之战，徐荣败后，该都司力战至晚，贼已转败为胜，因报至休城，而学政与知府早已闻败而走，孤军不能独立，故亦遂退，贼因得以至徽城。现闻张芾已在徽州，而知府仍补林廷选。若再得傅铭为歙令，兼留唐宝昌、江长贵以司团练防堵之事，则徽州可保无虞。臣因傅铭、唐宝昌、江长贵三员在徽声名甚好，为民之望，不敢壅于上闻，可否敕下安徽巡抚，调用留用之处，出自皇上天恩。谨附奏。

时事危迫请修省折

奏为天时人事危迫日深，敬竭愚忱，恭折奏祈圣鉴事：

窃臣伏见天象，今年以来，雨雪阴霾为日既多，即见晴霁，日旁亦若时有云气，精彩非复如常。而二月初十与三月二十五日黎明时，天色尤异。臣虽不识天文，然私心过虑，窃以为殆天之所以垂警也。又读日抄，见盛京奏，上年腊月金州地震四十四次。金州虽属海滨，实近根本之地。震动至此，窃又过虑，以为此殆天之所以告警也。京城银价，贵至八吊以外，百货转运不来，旗民日愁叹，苦不聊生，此内之危迫也。各路贼势有增无减，警报日至，甥将被伤，倘或待发年余，兵或时闻溃散，此外之危迫也。夫以天时人事，至于如此，而欲起而挽救之，头绪万端，亦几无从措手矣。然臣以为，此皆天之降乱而未有转也。诚得天心一转，则贼匪自灭，天下自平。是此时致力之方，唯在求天心之早转矣。然而欲转天心，必求力尽人事；欲尽人事，必求务协民心。何则？天视自我民视，天听自我民听也。夫民之视听，果何在哉？臣以为一在省己，一在用人。二者皆本于一心，而其枢则系乎听言。

伏见贼匪窜扰以来，皇上轸念民生，勤求治术，以期仰慰昊苍。郊坛大祀，致敬竭诚，虎尾春冰，常存敬畏。应天以实不以文，早为天下共见，而效顾未著者，何也？昔者太戊修德而妖孽消，宋君一言而荧惑退。感应之机，捷于影响，岂至今日而有异！臣愚以为天之爱人主，如父母之爱子；人主事天，亦如子事父母。亲意未回，唯咎孝敬有未至；天心未转，唯念修省有未尽。愿皇上之更益深思而内省也。今日之民，苦至极矣。苦贼、苦兵、苦水灾，捻匪转徙无常，存亡莫定，流离穷迫，莫罄形容。皇上诚悯民生之苦，念切恫瘝，至诚恻怛，深自咎责，于随时随事，皆深视民若同胞，而有灼艾与为分痛之意。斯民闻之而感泣，即天听之而意回者，其一也。昔鲁君以民服为问，而孔子对以举直错枉。夫举错何关于民？乃一直举而民快然若所亲，一枉错而民快然若所仇，岂必尝有德怨哉。盖斯民也，三代之所以直道而行也。故《大学》言：「平天下，唯在公好恶。」汉高祖封雍齿而斩丁公，盖当进者虽所不喜亦必用，当罪者虽所甚喜亦必诛，正以收人心也。皇上诚察民之所好者好之，则好一人而可得千万人之心；察民之所恶者恶之，则恶一人而亦可得千万人之心。人心翕然顺应，即天心因之以感格者，又其一也。顾臣以为二者皆本于一心，而其枢则在听言，何也？舜，大圣人也，而群臣进戒，一则曰：「无若丹朱傲，唯慢游是好。」再则曰：「罔游于逸，罔淫于乐。」非舜深见人心之唯危而不以为迂，安能有此？知人则哲，自古为难。故虞书纪辟四门，必继以明目达聪。盖诚虑耳目有未周，即用人有未当。而欲合天下之聪明以为一人之聪明也。是省己与用人，固非虚衷听言不为功。且不独此也，苗民逆命，以不矜不伐之禹，而益赞之言但曰：「满招损，谦受益。」齐威王令群臣吏民能面刺过者，受上赏；上书谏者，受中赏；谤讥以闻者，受下赏。诸国闻之皆来朝，当时谓之战胜于朝廷。则凡所以平逆命而求战胜者，亦在是矣。

皇上御极以来，屡诏求言，并有「言不逆耳不可谓谏」之谕。凡有裨于用人行政之言，无不仰邀采纳。既而言或无当，乃有奉旨明斥者。斥之第以其无当，初非禁之使勿言也。乃前之言者见多，而今之言者则见少，盖臣下敬畏天威，非诱之使言，即多有不敢言者。今无论其他，即如各路军营，某也将不胜，某也将必败，道路传闻，往往应验，而无敢以为言者，或则虑无实据也；或则虑有据而查时化为子虚也；或则虑言之不行而徒招怨也；或则谓权衡自在圣心也，是以皆不敢言也。倘各路必败之军人早言之而去之，何至有败坏之事。至于败坏而后罪之，所失多矣。是以孔子称舜有大智，不独好问好察，必曰隐恶扬善。盖非好问察而人不敢言，即问察而恶不为隐，犹恐善不敢言也。且用人进退之际，臣子有难言之隐，盖惧干圣怒而见斥者意犹浅；惧激圣心而难回者意实深。进言献纳之际，臣子又有难言之隐：盖获听，则人皆翕然而美于上者喜固深；不获听，则人将浡然而归美于下者惧尤深。用人听言，著乎视听，而关乎民心者至大，往往有因不用而民愈望之，因不听而民愈称之者。诚察乎此，而所以得民心者，可知矣。

皇上批览奏章，纤悉有误，必邀批示，天下臣民无不仰聪明之天亶，宵旰之勤劳。然臣以为精神之用，贵乎不纷，窃愿务其远大而舍其近小。各督抚军帅之奏，务在察其才之能否与心之诚伪。倘有见为不能而多伪者，预为去之，不待偾事之既见，则所保实多。且去一当去之督抚，而全省之人心皆感动；去一当去之军帅，而合营之军心皆感动。所以改(收)人心者，尤甚大也。抑臣闻，明主劳于求贤而逸于用人，故尧以不得舜为忧，舜以不得禹、皋陶为忧，楚庄王见群臣之不若己而有忧色。今天下才实不足，久在圣鉴之中，此诚可忧之事也。然莫谓天下无才也，天生才以供世用，不在上则在下，如罗泽南者，今皆知为将才矣，初则一岁贡耳。且湖南一省，有江忠源兄弟，又有罗泽南师弟，则他省可知，第少有留意人才如曾国藩、骆秉璋者耳。唯贤知贤，唯才爱才，皇上尝谕令各督抚广为咨访矣，诚恐各督抚有见而不能知、知而不能用者。嘉言罔伏，斯野无遗贤，是尤全赖圣心之诚求耳。收一良将之才而人心感奋，收一良吏之才而人心尤感奋。所以收人心者，又甚大也。天下以人心为主。臣之所陈，皆欲得人心之大同，以冀天心之速转。现在武昌未下，而江西又复危急，向闻该二处之人，皆力与贼为仇，而近闻贼众甚多，恐从之者亦不少。此中人心转移之故，宜深思也。

列圣深仁厚泽，人心断不能遽忘。然不于此时急设法以维系之，任贼出其假仁假义以为市，则人心恐遂为所摇而难挽。伏见宸衷渊密，丕显哶德，有定静而安之神，必有能虑而得之妙，非浅识所能窥测。臣实心迫忧危，遂不禁言之难已。自顾一身毫无可念，第念受恩深重，无可为报，是用竭其区区之愚，敬行陈奏。是否有当，伏乞圣鉴训示。谨奏。

【附】

上谕：朕总理庶务，恪遵列圣成宪，无日不兢兢业业，以敬天爱民为心。因思知人安民，垂于古训。凡文武各员，如果才猷素裕，著有成效者，未尝不破格录用。即大小臣工条奏事件，苟有益于国计民生，亦无不虚心采择，见诸施行。所冀嘉言罔伏，野无遗贤，庶可以渐臻上理。况近年以来，粤匪未平，河流未复，各省地方并间有偏灾，赤子何辜，遭此惨毒。朕恫瘝在抱，轸念民依，忧勤惕厉之衷，谅中外臣民所当共喻。本日据侍郎王茂荫奏称：「天时人事，危迫日深，致力之方，唯在求天心之早转。」又谓：「民之视听，一在省已，一在用人，二者皆本于一心，而其枢则系乎听言」等语。持论切当，与朕心适相符合。当此时势多艰，力图补救，朕唯省躬克己，于用人行政之间，慎益加慎，以期默邀天眷，海宇敉安。中外臣工亦当夙夜靖共，交相儆惕，以副朕孜孜求治之心，实有厚望焉。钦此。

王侍郎奏议卷九

荐举人才折

奏为敬举所闻，恭折奏祈圣鉴事：

伏读上年二月二十二日上谕：「现在用兵省分，委用需人，如有才兼文武、胆识出众之士，自应随时采访，或令随营，或办团练，以收实效。此外，衡茅伏处，不乏英奇，并著各督抚广为采访，择其素怀忠义、韬略过人者，据实保奏。等因，钦此。」又读本年二月二十日上谕：「现在江苏、安徽、江西、湖北、湖南、广西、贵州各省，正当办理军务之际，著该督抚于所属各员中，秉公察看，如有官声才具堪胜府道之任者，著各保数员，以备简放。钦此。」仰见我皇上求贤若渴之心，可谓至矣。臣唯方今所急在将才，尤在吏才。盖得一将才可以平乱，而得一贤督抚，则该省自不乱，得一贤牧令，则该州县自不乱。从古奸民乱贼之起，其后以数万甲兵制之而不足，其始一良有司治之而有余。是求将才是平已乱，犹不若求吏才之可治未乱也。现在各省地方多办团练，官民能否均于此见。然衡茅之士，非得贤牧令知而任之，不能有为以自表见。是欲求伏处之英奇，必自得贤牧令始。且夫牧令之良，无不能得民心者；为宰而能得民心，为将自能得军心，能团乡民以御贼，自能统士卒以破贼。权有大小，法无异同。前如嘉庆初年之刘清，以一知县三入贼营，贼不忍杀，带兵所至，贼望而避，其比勋良将，固不待言。即近如六合县之温绍原，能守孤城于四面皆贼之地，非具将才而又能用该路之英奇，曷克臻此。是欲求良将亦可于良吏中求之，即或有廉善素著而武略未优者，举之亦足励循良而资表率。然而求之贵得其真，用之尤期其当。凡为良吏，皆志在勤民而不在获上，必不效趋承，不为阿顺，不事钻营，非求诸三者之外则不见。一省事权，督抚主之；一军事权，将帅主之。才智之士属正差委，非有善用之人，或献谋而不见听，或力谏而不见从，则虽有真才而亦终无以见。今天下多患无才，窃恐湮没于此中者正不少也。昔唐宪宗怪无贤可任，李绛曰：自古无借才异代者，循其名而验以事，所得十七。臣今者亦谨疏所闻，愿皇上之循名而验以事，冀以收十七之效焉。

一、前大兴县知县胡启文，循声卓著，武略尤长。任武清时，贼正逼处独流。该员力行十家牌法，能使合境如一村，合村如一家，但有奸细入境，立即拿获。每日率乡民亲自训练，民皆戴如父母，奉如军帅。凡因事下乡，或步行，或单骑，遇有词讼，就地立结。饥则怀出干潭（粟），汲井水饮之。清风善政，传颂载途。曾奉旨以直隶州知州外用，现告病在京。

一、光州知州郑元善。该员务矢朴诚，与民亲如家人父子。不假书吏，不设浮文，讼案随到随结，所至有声。当署罗山任时，县境紧与楚北接壤，又值贼扰之后，土匪蜂起，该员抚绥团练，境内立用，行人入境，暮夜无恐，楚北难民争依以安。匪徒谓为不要钱、不怕死之官，相戒勿犯。邻邑有匪被获，称愿一见郑太爷，死不憾，其德化感人如此。现虽保升光州，似尚未尽其用。

一、四川黔江知县孙濂，自分发到川，历任皆有惠政，所至民爱如慈父母。值兵差络绎，则典质称贷以给，不科于民。每去任，不能具舆马，则民资送之。去江津时，负累数千，民恳请代还，坚不许。该员意气慷慨，于当时事务无不留心，尤喜讲求武略，学博而识高，才大而绝少矜露，又能深惟时势，曲体人情，洵为用世之才。

一、广西署平南县知县李载文。邑当浔州贼冲，该员到任，力与民为同心，讲求团练，往往住宿乡间，日率乡勇训练以御贼。贼既不敢犯境，则率勇时乘浔贼之间以攻之，所向有功，隐然为省垣屏障。

一、前山东单县知县卢朝安，初以代理郯县，能治捻匪著声。嗣任单县，申明团练。时丰口决流，民所在啸聚，不敢犯境。四年二月，粤贼北窜，该员选勇先驱，三与贼战，贼皆败走。迨临清反奔，又率勇沿途截杀，复随大队收复丰县，随胜保穷追至尽乃止。该邑颂为神父、虎臣，一人兼之。为画像于琴台，与宓子贱、巫马期同祀。闻李德、胜保、崇恩、王履谦皆争保举，现不知任何职。

一、前陕西西乡县知县田福谦，山西举人。西乡民俗好讼，该员遇事必躬必亲，所至轻骑减从，务以诚动民，民感之，讼风为息。陕省循良，推为第一，现丁忧在籍。

一、山东济宁州知州黄良楷，素有能名，胆略最壮，所至捻匪敛迹。年前粤匪由临清反奔，该员带勇邀截，斩杀甚多。所带之勇，人称为劲旅。今年曹县捻匪肆扰，该员往督，团首文生、季锡鲁等，歼除无数，功尤甚著。

一、湖北候补知县葛致远，素有胆略，能耐劳苦。咸丰四年拣发到省，适值黄岗县失守，后委署无敢往者。该员请行，即日就道入境，访询团练情形，激以忠义，侦贼所在，督率往剿，奋以身先，由是民争效命，杀贼无数。闻该府忌之，谓其喜事轻进，而邑民实共爱戴，楚北来京者，莫不交称焉。

一、陕西华阴县知县侃印垣，办事能以实心实意。举行团练，在未经奉檄之先。办理之善，人称为关中最。

一、山西知县傅猷著，前任神池、猗氏诸县，有廉吏之称。言貌朴讷，而审理词讼公清素著，可以挽回吏习，感励士民。现不知在何任。

一、贵州候补知州韩超。该员在黔，与候补知府徐河清、守备高天泽，均以谋勇兼优著称，而三人中推该员为最。唯性不肯逢迎，不能获上，是以未显。

一、浙江兰溪县训导林鹗，该员前以岁贡在广西学政孙锵鸣幕内。当桂林被围时，随同防守出力，及见贼解围，特献议请即多发兵勇，扼守兴全，无使外窜。其时以省城紧要，不能尽从。该员胆识兼优，颇娴武略，在籍倡办团练，为乡里推服。现任教职，亦时以团练劝谕士子。前年台匪肆劫，赖以无害。

以上十二员，皆经再三访求，因而记之。谨恭折上陈，伏乞圣鉴训示。谨奏。

【附】

上谕：王茂荫奏，保举循声素著之府县等官一折，前因军务省分委用需人，谕令督抚于属员中察其才具官声堪胜道府之任者，据实保奏，原因各督抚身任封圻，于属员之贤否必能灼见真知，并非从前通谕部院大臣保举人才之比。今据王茂荫奏胡启文等各员，其所列事迹或得自传闻，或自加评骘，虽不纯系虚声，亦未必尽能确实。惟既据该侍郎胪列入奏，亦自应详加访察，以备采择。所有折内开列之告病大兴县知县胡启文、河南光州知州郑元善、四川黔江县知县孙濂、广西平南县知县李载文、前任山东单县知县卢朝安、前任陕西西乡县知县田福谦、山东济宁州知州黄良楷、湖北候补知县葛致远、陕西华阴县知县倪印垣、山西知县傅献著、贵州候补知府韩超、浙江兰溪县训导林鹗十二员，有业经各督抚保举者，有未经保奏者，其平日才具官声，是否与该侍郎所奏相符，均著该督抚秉公确查，如有才能出众堪膺简用者，即行据实保奏。钦此。

论浦口防兵不宜调动折

奏为地方关系紧要，防兵不宜调移，恭折奏祈圣鉴事：

窃臣思浦口地方最为扼贼北窜之要，三年间贼窜皖、豫、晋而至直隶，即由于此。上年春，偶将浦口防兵调移至扬，贼遂乘机大股而来，攻陷浦口，径趋六合围城，非张国梁救援之速，血战之力，杀退贼兵，遽复浦口，则六合已不可保，而贼遂北矣。是可见贼情固日思由此北窜，专伺隙而动也；是可见浦口防兵万不宜轻有移动也。且当张国梁克复浦口时，水路亦赖有叶常春等艇师在江面截杀，是不第陆营之兵不可动，即水路之兵亦不可动。前车之鉴，所宜加意。乃近闻浦口防兵有调往瓜、扬之说，该处仅留兵五百名，并将久驻浦口得力之水师一并调开，绝无防堵，不独对岸下关观音门之贼船，可以扬帆而至浦口，即江浦城内之贼，亦可出而与南来之贼并攻六合。窃思六合坚守数年，贼之垂涎甚久，结恨甚深。若此自撤藩篱，倘一旦有警，救援不及，不独该县忠义之民尽成灰烬，可为悯惜；且六合不守，则由泗达淮，毫无险守，贼将直趋而北，尤为可虑。不知统兵大臣何以出此？如谓调守瓜、扬，则瓜、扬守已数年，并非兵少，何以必撤浦口之兵？如谓防贼北窜，则浦口亦北窜之路，何以反行撤防？此事利害安危所关甚巨，臣偶有所闻，甚为焦虑，不敢不以上陈，务求皇上迅饬统兵大臣，不宜专顾扬州一面，必须通顾全局，即将所调浦口之营兵与水师，赶紧仍发回浦口防堵，以杜贼心窥伺之萌，以免上年窜扰之失，是为至幸。

是否有当，伏乞圣鉴训示。谨奏。

请酌量变通钱法片

再，臣恩京城银价，每两现易京钱七吊六七百文，而离城百里外，则每两易京钱不过二吊六七百文，虽大钱与制钱有殊，亦何致相悬如是。窃尝推求其故，则闻年前江、浙银价，每两换至制钱二千零。自英夷在上海收买制钱，各路贩运趋利，至上年秋间即行涌贵，以银易钱数渐减至半。本年海运粮船至津，所带货物卖出钱文，计带钱至南较带银为获利。大率带钱而回，遂使北方之钱顿亦见贵。现闻南方银价，每两仅易制钱一千百余文，且无换处。都城苦钱壅，而南省又苦钱荒，如六千文一担之米，必需银五两余，兵民安得不困！彼夷人乃从容而以钱易银，贱入而贵出，即此一端，利权已全为所操，他且勿论。此事无从斗力，唯宜斗智。臣尝思之甚久，不得其法。欲禁钱出洋，则银禁早严，徒成故事；欲行大钱，则京铸尚滞，何论外省。现计惟有江、浙两省加炉加卯，广铸制钱，暂济民急。查从前银贵钱贱，每银一两铸钱不过千余文，而换钱可千数百文，亏折颇多，故皆停铸。今钱价既贵，已无虞于亏折，再请钱法酌量变通，使夷人无收买之利，而民间有流通之资。如制钱例重一钱二分，照京局改为一钱，则铜本已省十之二；而铜铅之配搭又从而增损之，自当更有赢余。然此第暂济目前之用，欲求破夷之术而收利权于己，惟赖皇上广求智能之士，通筹熟计，非臣愚劣所能几及。谨附片奏。

请密筹防备折

奏为请严防守以备不虞，恭折奏祈圣鉴事：

臣闻不备不虞，不可以师；而备预不虞，为善之大。现在夷务机密，非外间所得与闻。然闻夷船已到天津，臣窃有不胜其过虑者。夷情叵测，非可视同前此之逆贼，其狡计尝出我之所不及料，其逞奸尝乘我之所不及防。粤东省城距虎门，层层皆有炮台，在在皆有防守，而一旦乃为所乘者，不备故也。今天津距京才二百里，朝发夕至，无险可扼。虽夷船尚在外洋，不能遽行登陆；夷人形貌迥异，不能遽潜来京；然五口通商已十余年，各口奸人未必无为用者。设彼暗遣奸人混来城内，布其惯善之火器于各处，而以夜半同时发之，兵民平素无备，仓卒必将乱窜；加以穷迫饥民从而扰攘其间，即数十人可成千万人，纵不至遂成大害，亦且为彼所笑。现在风日干燥，两旬之内迭见火灾，殆天所以告警。城内似宜严加防守，而御园在城外，尤非内城之比。虽门禁均极森严，然恐处无事而有余者，遇有事而犹或不足。来歙、武元衡之事，古来所有，尤不可不为之备。臣为正月间日象之异，实有不胜过虑之情，不敢尽言之隐。愿皇上与左右大臣，早为密筹而备预之，似为目前急务。论者必以臣虑为过，然自来非常之患，大抵出于不必虑、不足虑之中。但愿事事皆出有备，而臣之过虑为无当，是国家之大幸。愚昧之见，敬敢密陈，伏乞皇上圣鉴训示。谨奏。

条陈夷警事宜折

奏为时势危迫，敬竭愚诚，恭折奏祈圣鉴事：

窃维夷务机密，外间向不得闻，而天津距京至近，往来人多，道途之口难禁传说。现闻夷船已到天津城外，是海口不能挡，河口亦不得挡矣。臣自上月闻夷船北来，即虑其情叵测，因有严防不虞之请。然其时船在外洋，尚谓不能登陆。今在天津城外，则登陆易易，至京易易。臣前所奏不胜过虑、不敢尽言者，今竟不敢不言、不敢不尽，愿皇上恕其狂愚，而加采纳焉。

一、请皇上暂行进城也。夷情如此猖獗，其意若操必行之券，其中必有不测之谋。且在各口有年，必得有奸人悉我京城虚实，熟我径路情形者。万一肆其奸狡，潜师而来，乘风雨昏暮直趋御园，即使得报，而仓黄进城，所失已多。又或散遣奸细，分走各路歧径，突至宫门，放炮一聚，仓卒之际，变起非常，诚有不忍言者。皇上受宣宗成皇帝付托之重，宗庙社稷皆在城内，岂不念及，想圣意以一行移动，即恐人心惊慌，故以镇定处之。无如强敌迫处，警报时闻，人心已觉惊慌。惟赖皇上还宫，庶几人心获安。论者每谓国家厚泽深仁二百余年，断无他虑。以天理言，固自如此。然天道远，人道迩，惟尽人乃以合天，若专恃天而不修人事，则叶名琛即以信天仙之言而误者。又或谓轻动恐示敌以怯，不知我之怯与不怯，在敌早经窥透，全不关此，岂可徒务虚名而忘实祸？臣闻上年月象之异，应在大臣受辱。而今年正月又有日象之异，日主君象，非臣下之比。臣实不胜过虑，故不避罪戾而为此请，愿皇上立赐俯从，以慰臣民之望，天下幸甚。

一、请严守备以固人心也。今夷氛业已逼近，而城中未见设守，想宸谟必密有部署，非浅见所能窥。然与其使人不知而人心忧疑，不若使人知之而人心安静。论者谓夷情务在主讲，无容多事张皇，徒滋纷扰。臣窃谓「讲」之一字，特夷人借以愚我而不为之备，岂可以之自误？我不为备，则明启戎心，而「讲」愈难。我诚有备，则隐戢贪谋，而「讲」亦易。试观彼之日日事「讲」，而节节进攻，即知我之内宜自守，而外乃可「讲」。况年来粮价昂贵，旗民穷困已甚，平时贼窃已不胜多，若再稍有警信，则土匪动而饥民从之，必致抢掠纷起，诚恐夷人未至而城中已先乱矣。设守之要，先防内乱。盗贼火烛，事似细而所关甚巨，故宋宗泽守城，凡犯窃与失火者，皆立斩。此时固宜官为巡逻，以安民心，似宜更令商民分段自为联络，以固其志。

一、请广保举以求才能也。今日在位诸臣，大抵老成醇谨，大奸恶固属绝无，而大才能亦殊不易。彼夷所来之人，必极彼国之选。于此而欲言战，必先谋敌之所以败我。至于竭智毕虑，共决其无可败，而后可以言战。欲言守，必先谋敌之所以攻我，至于竭智毕虑，共决其无可入而后可以言守。此岂寻常循分者之所能？若但按名位为委任，势必至于误事。非彼好为误，其才能限之也。夫天地生才，不在上则在下，观湖南一省，得骆秉章之知人善任，而其才遂用之不穷，是其明证。应请诏令廷臣各举所知，无论资格，例得奏事者自行具奏，不能者具呈长官代奏，以期群策群力之效。

一、请激励人心也。缮守既备，人才既具，守可固矣。然非能得人心，犹不足言固也。闻该夷所最要求者，在进城与传教，此必不能许之事。应请将此二事如何包藏祸心，如何毒害生灵，如何狂妄无理，明降谕旨，恺切宣示，使百姓闻之，人人奋怒，然后加温谕以拊循之，加恩赏以鼓舞之，自然民争效命。该夷兵纵极多，不过数万，安能攻我百万众之城哉！

以上四条专为守计，守定再言战。战而胜固善，即战不胜，退至城外亦可以守。臣料该夷孤军，但敢乘不备而来，不能久离船而住。如其竟敢舍舟从陆，则另调外师焚其船，而传各路之兵内外合攻，必使无返。夫国家根本重地，即使万无筹措，犹当凿池筑城，上下同心协力与民守之，况今库藏存有百万，漕米到有五十万，安可委曲俯从，以贻后悔。

臣愚昧之见，是否有当，伏乞皇上圣鉴。谨奏。

办理团防广求人才折

奏为恭折奏闻事：

窃臣奉命办理团防，自当随同周祖培等，与五城御史悉心筹画，而官绅士庶闻而来见者，臣亦必延接以资访询。连日所接之人与所闻之言，率皆忠愤郁勃，觉人心颇为可用。惟是欲用人心，必由圣心为主。圣心内断于中，所弗许者必终勿许，斯所当为者乃可有为。至于当为之中，巡防特重。现在曾经城守战阵者少，当以集众思、广众益为急要，似宜令巡防王大臣出示：凡有所见者准其具呈投递，凡有所能者，一技一艺准其自行呈请考验；即非已能而确知人之有能者，亦准具呈保请考验。验果有用，即行收录，以期群策群力之用。

愚昧之见，是否有当，伏乞圣鉴训示。谨奏。

论夷战水不如陆片

再，臣闻现在之要务，以定人心为主；而人心之奋勉，以知敌势为先。天津之民犹前日杀贼之民也，前日何勇，今日何怯，盖缘不知逆夷虚实。见逆夷大炮雷轰电击，以为天上神人，非人间所能敌，故一见即溃耳。不知逆夷大海之战较贼匪为长，内河及陆战较贼匪为短。何以言之？逆夷之船坚炮利，止可施之海上，至入内河之三板船，大仅数丈，炮仅数百斤，最大不过千斤，况河窄则转舵不灵，水浅则易于浅搁；深入重地，前可迎击，后可断其归路，是内河水战已不足畏。至于登陆以后，该夷腰硬腿直，走动不灵，既无马匹，又不能扎营立寨，离船十余里即不能照应。其队虽整，可以散胜之。散则枪炮所伤必少，四面可以围击。交战之时，马队宜在后。盖马队太高，不能避其枪炮，恐多受伤。当用步队居前，见其放枪炮时，步兵伏地而避，随伏随起，随起随进。战胜之后，追亡逐北，则以马队前进，不难一鼓擒也。粤人所以能制之者，尤在善用抬枪。盖抬枪平打，刚中敌胸，且用弹比手枪为大，群弹比手枪为多，其弹之所到又比手枪更为远。或为一条龙打法，或为五梅花打法，连环转换，接战不穷。又不比大炮之一发而不可再接，盖大炮施于海船则甚利，施于陆战则甚钝。逆夷腿直，素不习此。粤东士民所以虽败而仍敢拒敌者，深知其伎俩有限也。现在逆夷虽踞粤东省城，不敢远扰各村庄一步，此陆战之尤不足畏也。往年辛丑之役，各省官军以数万计，水师接战，不崇朝而尽溃；及其距北门外四方炮台时，舍舟登陆，失其所恃，数十村庄乡民奋臂一呼，并无枪炮纪律，但以苦其荼毒，纠合千百之众，斩木为兵，揭竿为旗，遂能杀之殆尽，逆夷之畏民自此始。咸丰四年，土匪滋扰，兵勇出战时，逆夷从旁观者咸谓广东兵可用，其抬枪尤可畏。此次之乱也，粤东屡信来京，备述迭次陆战兵勇之伤总较逆夷所伤为少。间扰沿海居民，虽有数百逆夷登岸，而乡勇数十名亦敢挺身迎敌，深知其无能为也。凡此称述，皆出曾经目睹身历之粤人。臣深思其言，似于军务有裨，谨录。请饬下巡防王大臣阅看，以备采用。谨附奏。

请刊发《海国图志》并论求人才折

奏为敬筹备御，恭折奏祈圣鉴事：

窃见自夷务兴，论者皆谓无法，遂隐忍而专于主抚。今抚虽已就，而难实未已，则所谓无法者不可不亟求其法矣。臣所见有《海国图志》一书，计五十卷，于海外诸国疆域形势、风土人情，详悉备载，而于英吉利为尤详。且慨前此之办理未得法，为后此设种种法：守之法、战之法、款之法，无不特详。战法虽较需时，守法颇为易办，果能如法以守各口，英夷似不敢近。未审曾否得邀御览，如或未曾，乞饬左右购以进呈。闻其书本故大臣林则徐在广东办夷务时所采辑，罢官后为已故知州魏源取而成之。其书版不在京，如蒙钦赏，为有可采，请饬重为刊印，使亲王大臣家置一编，并令宗室、八旗以是教，以是学，以是知夷难御而非竟无法之可御。人怀抵制之术，而日兴奋励之思，则是书之法出，而凡法之或有未备者，天下亦必争出备用，可以免无法之患。至法赖人行，则更须求人之法。

臣见道光二十二年，以夷务乏人，宣宗成皇帝特诏两广总督祁𡎴，访求才能出众、深通韬略之士。祁𡎴复奏，以为欲于武备收得人之效，必先于武备开取士之途。因请变通考选，于科举三场策问改为五门发题，曰博通史鉴；曰精熟韬钤；曰制器通算；曰洞知阴阳占候；曰熟谙舆地情形，于以求实学而拔真才，庶凡人才日出。议格未行，窃心惜之。迨补御史，即疏言英夷之祸心包藏，而未知法于何日。天下有乏才之虑，宜早设求才之方于考试中，莫如祁𡌴所奏五门发策，可勖士子以武备之学。求才于考试外，莫如广行保举，可收材艺以储武备之选。奉旨交礼部议奏，嗣闻礼部议仍不行。乃复将部议未尽之处，详为剖析，再疏陈之，以为及今行之，而收效已在十年之后，失今不行，恐他日徒为颇牧之思。即臣言不足采，亦必更求良法，未可置之不议。奏上，未奉明旨，遂不能以复言。今诚欲求真才，似难舍前二法，应请饬军机大臣将臣元年九月十九日、十二月二十日前后两折拣出，再行详议。其中宗室八旗务讲兵机将略、以为腹心干城一条，务乞加意。当时部议之驳五门发策也，称士子淹博有素，不必专门名家。试问今日制器通算者为谁？精熟韬钤者为谁？部议之驳广保举也，称文武各有乡会试，凡才学出众、武艺精通者皆已甄拔无遗。试问年来杀贼攻城诸将，如罗泽南、王鑫、杨载福、李续宾等，均非得自科举，甄拔何以有遗？前议之未尽有明征，今议之当详自可见。此为长久得人之法，若目前急需得人，则亦未尝无法。臣所见知后之鉴，莫如前兵部侍郎曾国藩，当咸丰元年初与见面，论及大才，举当日名重一时者一一决其无用。臣初未敢深信，后乃悉如所言。至楚省近年所出将才，又无非所识拔于庸众中者，此其知人善任，殆非寻常。现曾国藩奉旨赴浙办理军务，诚欲急于求才，惟有请饬大小臣工各举所知，均令归曾国藩帐下，俾之一一察看，必能得人济用，则可免无人之患。

有治法，有治人，可以治兵御夷矣？未也。心求夫治法而或惮其之难以骤举，念夫抚之暂可少安则法必不行；心求夫治人而或以亲贵未必可信任，又或所贵用者犹是时文、试律、小楷之学，则人必不出，盖天下从好不从令也。且臣闻用兵之道，专以气胜。兵勇之气必日振之始起，必力激之始生。若使其心中有侥幸苟安之一途，则其气即懈弛而不可用。昔田单攻狄，鲁仲子知其不能下，谓当在即墨时，将军有死之心，士卒无生之气，所以破燕；今将军有生之乐无死之心，所以不胜。此兵家至言，亦从来治乱兴亡要旨。故吴志报越，日使人呼于中庭；越志报吴，至于卧薪尝胆。盖霸国之厉，其气犹如此。方今海外诸国，日起争雄，自人视之虽有中外之分，自天视之殆无彼此之异。书曰：「皇天无亲，唯德是辅」。皇上承列圣付托之重，为中国主，将欲宾服四夷，必益茂昭明之德，以固根本，而养刚大之气，以配道义，然后治法治人可得而理。《大学》于「平天下」章，三言得失：首人心，次天命，而终以君心，盖欲系人心以维天命，惟在君心之存忠信而去骄泰，所谓自天子至于庶人，一是皆以修身为本也。圣学日新，圣德日茂，原非臣愚所能窥见万一。惟臣心迫忧危，莫抒忱悃，故谨竭其愚虑，以备采择。伏乞皇上圣鉴。谨奏。

请开缺调理折

奏为微臣病患已深，难期遽痊，恭折叩乞天恩，赏准开缺，以免误公事：

窃臣以气冲耳闭，心烦不寐，腰足作痛，精神恍惚等患，于上月十五、二十四日迭次恳恩赏假，方冀调养即行就痊，乃月来医治总未获效。据医称，气闭不寐，由乎心火上冲；腰与足三阴之痛，由乎心血过亏，筋失其养。心火非药饵所能平，而足疾尤药力不易到，惟有静养年余，庶可望愈。伏念臣一介庸愚，遭遇圣明，擢至卿贰，曾涓埃之未效，敢暇逸之自图。奈臣质本孱微，性尤褊急，当事故之纷集，每过虑之独深，往往昼夜傍徨，不能自已，形神交瘁，亦不自知。数年以来，虽日勉强支持，实衰败之递见。今病患已深，两次假期届满，各症未见稍愈，兼之夜多不寐，昼辄神昏，遇事时觉迷糊，精神倍形恍惚。现在部务殷繁，若怀恋栈之私，必致误公之咎。再四思维，惟有叩乞天恩，赏准开缺调理。倘能养息获痊，揣量精神犹堪报效，自当泥首宫门，再求赏给差使。所有微臣病难遽痊，恳请开缺缘由，谨缮折沥陈，伏乞皇上圣鉴。臣无任感悚待命之至。谨奏。

【附】

上谕：王茂荫奏病难遽痊，恳请开缺一折，王茂荫著准其开缺调理。钦此。

王侍郎奏议卷十

蒙存问谢恩折

奏为恭谢天恩事：

本年十一月二十九日奉上谕：「前任兵部侍郎王茂荫，志虑忠纯，直言敢谏，特谕议政王军机大臣传至军机处察看。据该侍郎自称，精神尚未复原，急切恐难任事，系属实情，若遽令销假，转非所以示体恤。王茂荫著安心调理，一俟病痊，即递折请安，听候简用。钦此。」窃臣愚鲁之资，蒙先皇帝擢任卿贰，因病陈请开缺有年。兹逢我皇上御极，景运维新，亟思勉竭驽骀，力图报效，而病体衰颓，未能稍酬夙志，悚惕正深。昨奉传知至军机处，据实沥陈，益增依恋阙廷，急切不能图报之惧，乃荷圣恩逾格，曲予优容，仰叨体恤之仁慈，弥愧忠纯之嘉勉。臣何人斯，获承知遇！抚衷循省，感激涕零。臣惟有赶紧调理，息心静养，俟精力稍可支持，即当泥首宫门，求赏差使，断不敢自外生成，稍耽安逸，庶期仰答高厚鸿慈于万一。所有微臣感激下忱，谨缮折叩谢天恩，伏乞皇上圣鉴。谨奏。

条陈时务折

奏为敬陈管见，恭折沥陈，仰祈圣鉴事：

窃臣以衰朽之资，荷蒙恩旨，中心感激，寝食难安。数月以来，极力调理，气体虽经少愈，而言语仍形蹇滞，自揣尚未复原，因思报国惟有进言。臣力无以效犬马之劳，而臣言或可为刍荛之献。谨就见闻所及，摅缮五条，为我皇上陈之。

一、天象示警，急宜修省也。臣伏处通州，闻街市纷纷传说，正月初八日日象有三大晕。又二月初三日星象亦有变异。近且风霾屡作，雨泽愆期。臣不知天文，亦不知钦天监曾否奏闻。窃谓天道昭于上，人事见于下，天人感应，捷如影响。如上年秋冬间之事变，五月即有星象昭示，盖变不虚生如此。伏思皇上奉两宫皇太后，端拱深宫，议政王孜孜求治，以辅弼我国家，政务清明，何应有此。然机兆于微，而患萌于近。天之示象，不必其事之已见，原予人以修省可转之机。臣伏愿皇太后、皇上与议政王，交儆于微，毋忽于近，随时随事，皆存戒谨恐惧之神。增一分修省，则减一分灾异，增十分修省则减十分灾异。天不可欺，必以至诚无伪之实心，行震动恪恭之实意。所谓应天以实，不以文者。存之于中，不必宣于外。庶几化大为小，化有为无，斯有道之象自见矣。

一、责任重大，务宜专一也。臣闻用人者，必惜人力；用马者，必惜马力。昔东野稷以善御见鲁庄公，而颜阖决其必败，为其马力竭也。汉相陈平，唯兵刑不知，钱谷不对，故能出奇计。唐太宗责房杜曰：「公为宰相，当须开明耳目，访求贤哲，比闻听受词讼，安能助朕求贤？」臣自上年冬月，奉传军机处，见议政王所管各衙门，庶务纷至沓来，几于应接不暇，心窃虑之。方今用兵省分半天下，机务已极繁重(多)，部院奏上事件，均须献替拟旨。往往一事之来，有非殚心研虑，能得其窾要者。昔周公至圣，犹且思而不得，至于夜以继日。议政王虽明敏过人，然过劳，则心力分而神明易竭。臣愚以为，议政王宜专心机务，其余事件，综其大纲而已。臣意圣心非不知此，特以诸凡重务，必议政王管理方可放心。然两重相形，则尤重者自见。若议政王精神周察于各将帅督抚，与各部院大臣，务令皆得其人，则内外就理，军务自平，天下可不劳而理矣。

一、言官宜务优容也。伏见御极以来，广开言路，优奖谏臣，亦云至矣。嗣乃有获咎者，虽其咎由自取，然臣窃恐诸臣动多顾忌，不敢尽言也。昔者唐太宗厌上封事者多不切事，欲加谯黜。魏征曰：「古者立谤木欲闻已过，言而是，朝廷之益；即非，无损于政。」宪宗以谏官多谤讪朝政，欲谪其尤者一二人，以儆其余。李绛曰：「人主孜孜求谏，犹惧不至，况罪之乎？如此杜天下之口，非社稷之福也。」古来贤臣之言类如此。且匪直此也，人之学识心术，原自不一，正可因言以知其人。若人皆缄默，则贤否转无自而分。伏愿圣心法大知之舜，隐恶扬善，斯嘉言罔伏。臣为天下计，非为一人计也。

一、府尹不宜兼部务也。伏读谕旨：石赞清著兼署刑部侍郎。查顺天府管辖二十四州县，事务殷繁，属官时有禀见，当一一审其才能；直隶时有会商，当一一酌其可否；即贤能之员犹恐精神未能周到，似不宜再兼部务。况刑部事务亦繁，必须逐日到署，若不存心部务，则虽添一员，亦如无有；若将部务存心，则一心难以两用，且由府至部来往几二三十里，两缺皆繁，而日废二三十里工夫，亦殊可惜。又顺天府有咨刑部衙门案件，刑部有札行顺天府案件，两署之事不必一一符合，设有驳改斟酌之处，而刑曹以府尹为本部堂官，多所迁就，亦非慎重公事之道。臣见道光年间，府尹不兼刑部，亦犹刑部堂官之不兼步军统领，虑其有所窒碍，意深且远，盖专辖之任，不比兼尹也。

一、奔竞之风，宜杜其渐也。臣闻通商衙门行走司员，皆从各衙门取送，不知当时奖励章程如何奏定，乃今甫及年余，一概优保。有今年甫行到署不过月余，亦得保者。臣窃以为过于优异，恐有流弊。若通商衙门保举如此，则各衙门当差人员，皆以营求保送为得计，而于本衙门事件悉皆抛荒。恐奔竞之风，日开其渐，不可不防也。

以上五条，是否有当，伏乞圣鉴训示，臣不胜感激悚惕之至。谨奏。

【附】

上谕：王茂荫奏天象示警、急宜修省等语，所奏甚是。朕以冲龄，寅绍丕基，兢业罔敢怠荒。乃自正月以来，日星垂象，雨泽衍期，昨虽得有时雨，农田尚未沾足，此皆由修省未至，弗克感召和甘。所幸天心仁爱，悬象示警，深切著明。因思感应之机，捷如影响。我两宫皇太后，朝乾夕惕，惟日孜孜，朕尤当益加寅畏恐惧，修省，以承天眷。其议政王以及各部院大臣，亦当交相策勉，如有政事缺失，必应随时匡弼，直陈无隐，俾得庶政修明，用副应天以实不以文至意。钦此。

上谕：王茂荫奏「请饬议政王专心机务、事总大纲」等语。朕奉两宫皇太后亲政以来，因念时事殷烦，特授恭亲王为议政王，在军机处行走，原期事总大纲，用资匡助。近闻各部院于应办事件，往往窥探意指，先期向议政王就商。在议政王向以公事为重，自不肯以一人之见擅行裁定，而各部院大臣皆出自特简，庶绩厘凝，全赖该大臣献替可否，以臻妥协，即举措或有未协，亦当力争匡救，用辅不逮，方合古大臣忠亮之义。其一切应办事件，各有专司，只宜斟酌例案，断不准多所揣摩，借口禀承，致负委任。其议政王所管各衙门随同办事之大臣，亦均身列卿贰，遇有意见不同者，不妨独抒己见，与议政王公同妥商。岂可依唯画诺，稍存推诿之心！议政王于一切政务，当综其大纲，如有各部院办理未协者，并著尽心纠参，用副寅亮天工，庶官无旷之至意。钦此。

上谕：王茂荫奏言官宜从优容等语。我两宫皇太后亲裁大政，言路宏开，虚心采纳，乐闻谠言。前因御史曹登庸于会议定陵规制，众论佥同之事，先自陈奏，不知大体，并于派办工程司员，率以无据之词，牵涉彭蕴章、绵森等，恐启揣摩尝试、摭拾暧昧之渐，于世道人心甚有关系，特降补员外郎，用端习尚。其余如博桂所奏，词意庞杂，无裨政治，仅将原折掷还，亦未加以谴责。本年御史刘庆奏请饬正奏疏体裁，所言殊属非是，且意近迎合。伊古名臣奏议，无非以国计民生重大诸务为经纬，该御史既为言官，茫昧无知，率请饬正体裁，岂言官建白，必有故套可循，亦将其原折留中，以示优容。至纠劾劣员、条陈时政者，无不立予施行，即或事有窒碍，言涉浮泛者，亦各节取所长，以宏达聪明目之意。嗣后该科道等官，于一切政务确有所见，足以裨益时政者，仍著据实直陈，无稍徇隐。朝廷将细察其才识言论，破格优奖，以作敢言之气，用旌直臣而收成效。将此谕知科道等官知之，刘庆折并著交内阁发抄。钦此。

上谕：王茂荫奏保举太滥，宜杜其渐等语。据称「总理各国事务衙门司员，甫及年余，概行优保，且有甫经到署不过月余，亦得优奖，恐滋流弊」等语。所奏不为无见。总理各国事务衙门前于保奏司员折内声明，系办理外国事件，与各部院事务不同。且事属创始，诸形烦剧，是以未照奏定年限，破格请奖，当经特旨允准，用示鼓励。第恐此端一开，各部院衙门司员有所藉口，致滋流弊。除此次所保各员业经允准，著吏、兵等部，毋庸照寻常劳绩核减外，嗣后该衙门务当照奏定章程，以二年为限，择其资格较深、办事勤慎者，酌保数员，照例奖叙，不得意存见好，概行保奖，以符定章，而杜弊端。钦此。

上谕：刑部右侍郎著吴存义署理，石赞清著毋庸兼署。钦此。

尼山祠庙被毁请饬修理折

奏为尼山祠庙被匪拆毁，请敕地方大吏赶紧剿办匪徒，并筹款修理，以重祀典，而光圣治事：

臣恭读本年三月十三日上谕：「孔繁灏奏『尼山圣庙书院被匪拆毁，自请议处』等语。据称距曲阜五十里之尼山，建有圣庙书院，逼近教匪巢穴，二月初八日，该匪将书院及颜母祠等处拆毁，并将该处祭器等物毁坏。孔繁灏职在奉祀，未能先事预防，著交部议处。各该地方官疏于防范，咎亦难辞，著谭廷襄查取职名，交部议处。钦此。」仰见皇太后、皇上尊崇至意。臣伏查颜母祷于尼山，诞生至圣先师，故尼山有颜母祠。汉鲁相韩敕重加修葺，历代因仍不废。道光十九年宣宗成皇帝特发帑金，修葺完固，所以昌明圣学，昭圣教而息邪说，意至深远也。乃邹县匪徒惑于烧香邪教，甘外生成，聚众滋扰地方，竟敢拆毁尼山庙宇，此等乱民，实履载所难容，臣不胜愤懑。伏查颜母祠为尼山建庙所由，始因先师三岁而孤，禀承母教，为万世师表。恭查雍正二年六月曲阜圣庙灾，衍圣公孔传铎奏闻请罪，奉上谕：「据奏先师大成殿以及两庑，俱被火灾，请出圣像牌位，新建崇圣祠，幸得无恙等语。朕心警惕不安。朕惟孔子道高德厚，为万世师表，所以维世教立人极者，与天地同其悠久。朕临御以来，思报尊崇之典，用伸仰止之忱。今阙里圣庙被灾，岂朕尊师重道之诚未至欤？朕在谅暗之中，素服斋居，无庸更事减膳撤乐，惟谨拟亲诣国学文庙，虔申祭奠，宣读告文，以展朕跼蹐不安之诚。先期斋戒二日，于二十七日不设卤簿，朕随身素服前往，诸王大臣官员陪祭者亦皆常服从事。仍遣官驰赴阙里祭告，以慰神灵。幸新建崇圣祠无恙，圣像神牌不致露告处，朕心稍宁。遣工部堂官一员，会同该抚作速计材料工，择日兴修，务期规制复旧，庙貌重新，该部遵旨速行。等因，钦此。」仰见世宗宪皇帝遇灾恐惧之至意。惟彼系天灾，此则人事，臣愚以为宜绍法祖宗，倍加乾惕，并敕下山东巡抚，赶紧将匪徒剿灭，毋任滋蔓。并饬有司于地方平静后，即速筹款修理，以重祀典。该省大员为多，皆曾任督抚司道，如各捐资凑集，自无难办。再查孔繁灏奏称，尼山距曲阜仅五十里，则匪徒踪迹已近阙里，若地方文武不能速行惩办，设有滋扰，更复成何事体。臣为息邪说、卫圣教起见，不揣冒昧，缮折奏闻，伏乞圣鉴。谨奏。

和约不可改字片

再，臣伏读三月初八日谕旨：「总理各国事务衙门奏请，饬地方官于交涉教民事件，迅速持平办理一折，折内所请各节，均着依议行。等因，钦此。」及读该衙门原奏：「法国条约内，所有或写或刻奉禁天主教各明文，无论何处概行宽免等语。现在天主教既已弛禁，所有各项明文，已在毋庸议之列，应请查明一律革除。嗣后如修新例，不再增刊，并将旧例所载，全行删去，仍将条款宽免字样改为革除」等语。伏思此例已宽免矣，该国必欲改为革除，此其心为何心？该国之所争者，盖国体也。臣思他事可从，兹事看似无关紧要，而断不可从。国之所以为国，专在此等处。务告以和约已定，现在不可更改。如其可改，则亦可渝。明示以约之当持，隐示以守之不易。该国知不可干，自必退阻。如谓该国现在上海帮同打仗，岂此尚不可从？则薛焕之奏不可恃，其中当有别情。若谓该国竟肯出力，则合两国之兵力，何难破除此贼，非徒报胜仗而已。兹事虽属已往，将来类此者，竟恐尚多。窃愿坚持和约，以戢其志。否则志不可厌，将要求无穷矣。

臣愚昧之见，是否有当，伏乞圣鉴。谨附片密奏。

病痊销假片

再，臣感念天恩，急思图报，而自维蒲质尚未全瘳，性灵大减于曩时，智虑已衰于晚岁，虽不敢少耽安逸，自外生成，实难以力任鞭驰，更膺繁剧。在朝廷因材录用，原非臣下所敢言。而臣子量入苦衷，或亦鸿慈所矜念。所有微臣销假下忱，附片沥陈，伏乞圣鉴，臣不胜惶悚待命之至。谨奏。

署副都御史谢恩折

奏为恭谢天恩事：

同治元年四月十一日，内阁奉上谕：「晏端书现在出差，都察院左副都御史著王茂荫署理。钦此。」窃臣质惭庸陋，性极颛愚，蒙先皇帝简擢之恩，毫无报称，际我皇上嗣兴之始，特荷传宣，嶄覆恩深，顾孱躯而滋愧，就瞻志切，幸微疾之少蠲，乃承宠命之加，俾摄台垣之副。伏念职司宪典，实纲纪之总持，况当廑念民依，冀隐微之毕达。臣唯有益加兢惕，懔执法以持平，倍矢慎勤，期循名而责实，庶效涓埃于驽策，稍酬高厚之鸿慈。所有微臣感激下忱，谨缮折叩谢天恩，伏乞圣鉴，谨奏。

请饬潘铎办理陕西军务折

奏为敬陈管见，恭折仰祈圣鉴事：

伏读日抄，知川匪已窜赴阳平，豫匪亦窜越富水，现在各省，唯山、陕稍为完善，京饷兵饷多取资于此。若陕省再有窜匪，则山西恐亦难保。必得设法堵御，赶紧剿灭。因思办理军务，贵得其人。该抚瑛棨未经兵事，恐非御侮之才。臣闻署云贵总督潘铎，行为贼阻，现驻陕西。该抚前在湖南，守城御贼有效，兵机将略，年来尤为究心。现既阻陕，则云南军事鞭长莫及，可否请旨敕下潘铎，就近先行办理陕省军务，而令瑛棨以员弁兵饷资给之，与张芾分投剿办。三人同心协力，庶可迅速蒇功。至于办理之法，先贵熟悉地方形势。臣所识有陕西蒲城举人权以巽，于该省形势险要，言之详尽，谨将该举人所著《保关陕说》恭录进呈御览。

再，该省陇州知州邵辅，于军务颇能用意讲求。咸丰十年，见川省有事，虑及陕省，曾上保卫关中十策，深为切中，而当时不用，以至于今。夫事未至而先虑及，非有心人不能。

又，富平县知县江开亦娴军务，而才不甚纯，然驾驭得宜，用其才而不为所用，于事未必无补。该二员均安徽举人，与臣同乡。昔唐臣崔祐甫有言：非亲旧孰知其才？臣为大局力亟起见，不敢引避小嫌，请饬交潘铎差委，试其能否，如其不能，则请罢之。不揣冒昧，敬以上陈，是否有当，伏乞圣鉴训示。谨奏。

请止调南苑兵赴陕折

奏为敬陈管见，恭折仰祈圣鉴事：

臣闻陕西军事，现调拨南苑兵，又命德兴阿为之统领，闻者人人诧异。夫将者，三军之司命也。君不知将，谓之弃其国；将不知兵，谓之弃其师。盖古人之慎重若此。德兴阿前在扬州、天津偾事，有明征矣，何以保其此后之不偾事乎？现在可称为完善省分者有几？国家之有陕西，实不堪再为尝试矣。南苑之兵，甫议训练，非已训练也。臣固未知其兵如何，然以时日计之，则共见共闻，无如此迅速之理。夫以不训不练之兵，剿办贼匪则不足，骚扰地方则有余。出京所过之地为山西，必将首被其害。现在所恃为财命根源者谓何？国家之有山西，实不堪再为扰害矣。夫陕西邻省有湖北，有河南，河南则现有僧王大营，湖北则现在无事，其地皆较京师为近，就近调拨，自较得力。想圣虑必已计及，京兵即去，亦来不及，似可无事调动。且此兵一动，则天下皆能窥我之虚实，而长贼匪之戒心。何也？一调拨而即动南苑兵，则国中之无兵可知也。臣愿德兴阿姑且少止，而留南苑之兵益加训练，则足以壮声威而张国势。朝廷举动，务须谋出万全。

臣愚昧之见，是否有当，伏乞圣鉴。谨奏。

论成明不可赴军营请用宝山折

奏为敬竭愚虑，再行渎陈，恭折仰祈圣鉴事：

窃臣见近月各路军营消息渐好，良由上年以来调度得宜，将得其人也。是将得其人则利，不得其人则害，有明征矣。上月二十八日，奉上谕：「成明现赴军营，直隶提督着宝山署理。钦此。」臣因而考之，成明人甚体面，上年朝阳之役，功绩卓著，似乎将才可恃。然闻是役也，成明初在山口月余，探得胜保兵有抵朝阳者，恐胜保来成功，始一举进口。追贼被剿，逃逸出口，裹胁皆散。有头目四百余名，驰马东逃。适锦州、义州两路兵勇，迎头西上，后路追兵又至，贼皆窜入罗家台之烧锅聚。该聚约有四里，兵勇午刻四面合围，专候将令，即用火攻。先喊令良民想法自全，聚中已哭声震地。成明于申刻到，不准火攻，定于次日剿办，改作三十余里之长围。贼二鼓窥黑龙江围已弛，驾牛马大车冲逸，成明五鼓始知。奉省各属由此被扰，柴宝善至今未获，是成明之为将恐未尽善。现在陕省之军务似乎稍缓，山西之滋扰尤为可虑。得已则不如其已，不得已则莫如竟用宝山。臣闻宝山系属孝子，朴诚忠勇。该员酒量甚大，自倭仁以书戒之，遂尔断酒。自奉天来者，人人所言皆同。该员带兵，似可不致滋扰。此时地方不敢求其有益，先欲求其无损。臣非敢故为阻挠，缘命将事大，臣既有闻，不敢不以上陈，为此再行渎奏，是否有当。伏乞圣鉴训示。谨奏。

附陈陕西军事片

再，臣闻陕西人所说人事地宜，谨采四条，敬呈御览。

一、河南归德府知府祝垲，系陕西人。该员勇敢杀贼，业已著闻。又，兴安府平利县训导史兆熊，该员系汉中人。兴安、汉中两府处万山中，与楚、蜀接壤，该员于两府地利情形，最为熟悉，且为众所推服。从前粤匪由楚上窜，竹山失陷，贼已至平利界关，竟被击退，一切布置，该员之力为多。请旨饬令祝垲回籍，与史兆熊协力办团剿贼。

一、南山各处木厢铁厂、纸厂、炭洞工作，计不下数万人，同州之大荔及沿河盐碱工作，手指尤繁。此等皆无业游民，一经歇业，易与匪勾结。宜急令各厂东主，缮造花名，报明本县令，会同绅耆，设法各给口粮，团为义勇，重悬赏赐，分遣其众，守各县边远境界隘口。其各县附近要隘，择绅耆之有胆识者，严密固守。万毋视该工作等为不肖，遂相弃绝，致令无所得食，甘心从贼。彼等熟悉道路，而又惯于登高涉险，是故又为贼添数万劲卒矣。

一、现在二麦被野，民间一闻贼警，必不待其成熟，收获入堡。间有愚民惜其未熟，应令乡间之稍有知识者，务早劝谕，令民芟刈。为清野计，即万一芟刈不及，宜付之一炬以绝望，则贼无粮足恃矣。

一、兴、汉各属，为陕省西安屏蔽，急须安抚，使各防险，以防贼窜扰。现闻已调湖北省兵弁赴援，宜令会同兴、汉各营，及乡绅团勇，分守各紧要隘口。贼一败归，必图盘踞，一有不慎，必致蔓延难图。此尤不可不慎也。

王侍郎奏议卷十一

请查办军营功赏虚冒折

奏为军营功赏闻有虚冒，请旨查办，以肃军政而厉士心，恭折奏祈圣鉴事：

臣伏读九月二十日上谕：「广西军兴，为时已阅一载。现在逆匪窜聚永安，当此贼势穷蹙、士气奋扬之际，统兵大员等自当乘机鼓舞，多方激励，严明赏罚，更足厉士气而肃军心。其官兵员弁，遇有保举参劾，尤须核实平允，庶人人知感知奋，定可迅奏肤功。等因，钦此。」仰见圣谕谆谆，务重严明赏罚至意。乃军营中之报功犹多虚捏欺冒，如臣所闻，前任博白县游长龄及该县绅士朱德璲，尤虚冒之甚者。查游长龄上年议办团练，章程简明不扰，曾经两广总督徐广缙饬属通行，似系有用之才。讵知遇贼以后，专务欺饰，其业已显著者，如先经捏报歼毙贼匪刘九，嗣经广东生擒，奉旨饬查，而广西仅以「该员据人禀报、并未查验」等语覆奏，将游长龄交部议处。夫以著名贼首，竟敢捏报歼毙，则所称杀贼无算者，可想矣！又闻贼首刘八，先充游长龄轿头。本年春间，刘八曾用愚弟帖，差人告知该县，谓「我们素有交情，断不进城滋扰，不必忧惧」等语。是游长龄先既失察肘腋，继复徇情纵敌矣。至于沙河之战，均系广东兵勇追杀，而游长龄捏报招集团练六千，帮同堵截。夫果有六千人堵截，该匪何能逃回龙潭、再复窜逸耶？又据报松山之战，贼匪大败，将军头余四被杀；秤钩湾之战，杀贼三百余人，内有先锋十一人。实则余四在松山与匪党吴晚分伙争斗，被吴晚等杀毙，与博白团练并无相干。秤钩湾之战，博白团练大败，并无杀贼之事，何处觅得先锋十一人耶？

闻该县所以得虚名之故，因该县绅士以朱姓为大族，该县署内自教读以至帐房，无非朱姓之人，而与朱德璲尤称至好。查剿捕刘八保举案内，朱姓共十八人，可见游长龄屡报胜仗，均有朱德璲督率。实则贼匪内有黄锦泗，因争斗散伙，经博白乡民捉获，朱德璲将其保出，屡次打仗，皆系黄锦泗带勇，并非朱德璲督战。贼匪恨黄锦泗至甚，拥众至朱德璲家，占据房屋，逼索黄锦泗，朱德璲托出张子兴、林十八二人说合，将黄锦泗献出，始行解去。又：贼匪吴晚一股，曾至朱德璲家，家属尽逃。有逃不及亲丁二人，躲朱德璲床下，被贼捉出，锁勒索赎。又：朱德璲春间带勇协攻徐亚二一股，德璲为贼所掳，拘禁三日，始得放还。凡此各种情状，共见共闻，乃与游长龄叠刊荐章，渥荷恩赏，人心安得而服，军令安得而行耶？

尤可异者，闻广东擒获吴晚时，于身上搜出印票一张，系游长龄发给，吴晚收执，有令「沿途验放、毋庸查拿」字样。游长龄所行如此，犹称广西干员，无怪军营兵弁皆不用命也！

或谓用兵为国体所关，不得不虚报胜仗、以壮声威。此尤巧于欺罔之词。夫天威远震，何患不迅速荡除？要在善于筹策。若以报捷为得计，倘捷音日报而匪势益猖，其将谁欺？且逆匪想亦知邸抄，倘见朝廷之可欺，愈幸国家之无人，将玩侮日甚，焰益张而计益狡矣。相应请旨，饬下赛尚阿、徐广缙，将游长龄、朱德璲欺朦情形确切查明。如果如臣所闻，务即从严惩办，以肃军政。此外有似此欺饰者，一律查明办理，庶赏罚严明，军心知所厉，亦贼胆藉以寒矣。臣既有所闻，不敢不据实直陈，伏乞皇上圣鉴。谨奏。

请将革员效力片

再，臣前巡视中城时，接见司坊，每询以地方情形，并历任现任五城各员能否，以冀识别人才。据司坊等咸称已革北城副指挥任正训办事认真，缉捕尤属勤能。到任甫及二年，叠次拿获要案重犯，奉旨赏换六品顶戴，以应升之缺，尽先升用，钦遵在案。嗣因海甸老虎洞劫案，疏防革职，甚为可惜。臣因留心访察，所闻多属相符。伏思赏功罚罪，国家自有常经，原不能为一人稍从宽典。惟该革员业经革职，则法已行，而该革员曾经叠邀恩赏，则才可念。现在正当用人之际，可否请旨，饬都察院堂官将该革员察看，如果臣之所闻不妄，或许奏请发交五城，令其自备资斧效力，协同缉捕。俟缉捕果有成效，再准酌量保奏。在该革员得蒙恩施格外，自必益加感奋；在五城多一出力缉捕之员，似为有益。而他人之有罪无功者，亦不得援以为例。臣为惜人才起见，是否有当，伏乞皇上圣鉴训示。谨奏。

〔附〕

上谕：太常寺少卿王茂荫奏请「将革员发交五城效力，」等语。已革北城副指挥任正训，据该少卿保奏，该员平素缉捕尚属勤能，着都察院堂官发交五城效力，如果缉捕得力，再行奏明请旨。钦此。

论刑威好恶折

奏为敬陈管见，恭折密奏，仰祈圣鉴事：

窃臣见今日贼至繁矣，兵至怯矣，财用至耗竭矣。然而言剿贼则剿而愈纷；言增兵则增而愈弱；言理财而耗财者且百出。何以言之？前之患贼独广西耳，今剿办数年，蔓延各省，是剿而愈纷也；前之调兵独近省耳，今远调至东三省，而初到江南遇贼辄退，是增而愈弱也；前之耗财独军务耳，今南河合而复决，南河甫闻，北河又告，是耗财者百出也。然则处今之势，非力革夫循故蹈常之为而深探本源以大求振作，不可得而治。臣闻天下之势有强弱，圣人审其势而应之以权，处强利用惠，处弱利用威。今天下非小弱也，幅员之广，人民之众，古未有也。贼虽滋扰数年，蔓延数省，固未尝窃一郡邑之地也。然而民人有敢于轻视其上之心，将帅有敢于轻视朝廷之意，盖有日形其弱者，何则？逆贼虽多，非有叛州叛邑，皆叛民也，是民之轻其上也。琦善、慧成甫到扬州，叠报胜仗，而今转寂然。谓贼难剿，则前何以胜？谓贼易剿，则后何以不胜？岂兵之初勇而后怯与？抑贼之先弱而后强与？盖其前之胜，敢于欺也；后之不胜，敢于怠也。

皇上谕旨递严矣，而臣闻有闻命不行者，有拥兵不动者。闻命不行，虽周天爵、慧成亦所不免；至拥兵不动，则如琦善奏：「双来、陈金绶首先登城，众兵呼应不灵，应接不上」。夫大帅用兵而曰「呼应不灵」，此何言耶？又奏「瓜州绅士水陆进攻，众寡不敌」。夫绅士进攻矣，该处离扬仅二十余里，鼓棍扬帆，瞬息可达，自巳至申，攻战数时之久，即未约于前，亦可应于后，该大臣直若罔闻耶？闻钟淮有二十五次请兵之禀，大帅不应，乃愤而赴敌。初未敢信，今观所奏，则信矣。此二奏者，盖该大臣安坐既久，虑有参奏，特以此见进攻之难，而不知即自具拥兵不动之供状也。不然，大帅有令则呼应灵矣，乘秋爽驰突而出，官兵皆动则众寡敌矣，庸有此耶？方今扬贼困一危城犹且如此，设一旦奋其数月休息之力，何以御之？且各路大兵日费不知凡几，即使贼无能为，而扼我之吭而不能解，日事縻饷而不能息，亦且自困。而该大臣等悍然不顾，敢于骄惰如此者，轻朝廷也。

自库案不杀库丁而人不畏法，自丰工不杀王熙善而官不畏法，自赛尚阿不能用遏必隆刀而军不畏法。此而不治，必将有大于此，而遂浸微浸消以至于不可救止者。诚欲治之，则不得不用威以立法；欲用威，必自叛民始；欲治叛民，必自将帅始。治叛民者将帅之责也，御将帅者皇上之权也。君者天也，恩则为雨露，威则为雷霆，诚一日赫然振起而用威，用不测之刑，用不测之赏，如风雨雷电不知所从发，而不可遁逃，天下曷敢不震栗！然而王者之刑威贵不测，而好恶必无私。《大学》言：平天下必先与民同好恶。自赛尚阿之赴广西也，天下多以为不可，而皇上信之任之，不以人言动之。今天下又有共以为不可者，而皇上又信之任之，不以人言动之。皇上之信任是也，而所信任者非也。天下亦何恶于一二人，第恐有为赛尚阿之续者，时事遂以不可问耳，皇上独奈何示民以私耶？

若夫刑威之柄自上操之，天下谁得而窥之？今皇上亦尝有所严切督责矣，凛之以国法而若不动，何也？以为见闻习惯不过尔也。且以为上方任之，必不见罪；即或见罪，必不见收；即或见收，必不见杀；必且辗转复用。此非独在事者窥之，天下亦莫不窥之，如赛尚阿之不杀，固早在人意中也。皇上操刑威之柄，独奈何使人得窥如此乎，前者张亮基之奏曰：「法行自贵，天下无不用命之人；罚不逾时，军中自有震动之意。」一时传诵，以为名言，盖诚有见于此。昔宋臣苏洵感宋之弱，著《审势篇》反复申论，以为必出于尚威，于今日事势颇多切合。臣虽师其意而言不能明，恐不足以上启圣聪，愿皇上取其篇而详览焉。抑臣闻，昔者世宗宪皇帝之御天下也，明烛乎人所不及觉，而威行于人所不及防，使一时臣工咸凛凛于咫尺之威而无敢少玩。愿皇上恭阅实录，身体而力行之，于以靖逆难而致安平，不难矣。

臣以一介庸愚，数月之间叠蒙圣恩，不次超擢。自维材识驽钝，气体早衰，无以仰酬高厚，日夜思维，勉竭愚虑，但期有万一之裨，不敢顾祸罪之及。谨恭折密奏，伏祈圣鉴，无任惶悚之至。谨奏。

请饬察看发往军营各员片

再，臣于上月二十六日伏读上谕：「给事中吴廷溥保奏人员一折，翰林院庶吉士陈兰彬、头等侍卫王灼、已革广东南韶连镇总兵孙淇英，均着发往直隶，交桂良察看。如果得力，即奏留于直隶差遣委用；倘各该员等无裨实用，即着撤回。前据太常寺少卿王茂荫保奏庶吉士傅寿彤，已有旨发往河南军营，交陆应谷察看具奏。钦此。」仰见圣虑周详，务裨实用至意。臣思凡开列人员请旨发各省军营者，在陈奏之意只以军营需材，但有一长足备任使，即欲发往，以冀多得一人之力，早收一日之功。军中攻战劳苦，应无安逸可图，即求升用，必待有功，与他项保举不同。在发往之员，必能有裨实用，方为得力。若于实用无裨，转足虚糜兵饷，是保举不嫌于宽，而察看必宜于密。所有前后保举发各省军营之员，均应请饬各省统兵大臣察看是否有用，以别去留，正无庸以系奉旨发往之员，稍存瞻顾。

再，臣前于正月开列有用之才，单内有已革广西候补州同杨培塑一员，于道光二十七年湖南匪徒雷再浩滋事，勾结广西匪徒罗亚旺、范得连等围攻平乐府，该革员带勇杀贼，颇著战功。以年前在署来宾县任内有案罣误，未得保奏，废弃可惜，故请发向荣军营差委。嗣闻人言，多有谓其出身不正者。臣意军营需材，贵能杀贼，当先问其人之能不能，至其出身之正否，似可俟大功告成，再行分别定议。唯该革员之能杀贼，臣仅得自访闻。现计已到向荣军中，该革员果如所闻，自当立见。应请饬向荣一并详加察看，如该革员果有可用，不妨暂留；如系谬得虚名，则废弃自其本分，即应奏明，饬令回籍。

臣历次开列人员，多出访闻，不敢谓无所误，实不敢有所私，谨据实直陈，伏乞皇上圣鉴训示。谨奏。

【附】

上谕：太仆寺卿王茂荫「奏发往军营各员请饬察看、以别去留」等语。自军兴以来，内外臣工保奏各员，迭经降旨，发往各军营差遣委用，惟该员等能否得力，自须从实甄别，以免滥竽。着各省统兵大臣于各员到营后，随时察看，凡已经著有劳绩及才具可用、实有裨益者，自应留营差委；其于军务不甚得力者，或查有别项劣迹者，即着奏明，分别撤回查办，不得以特旨发往之员，稍事姑容。钦此。

请将张凯嵩发往营差委片

再，臣闻前广西即用知县张凯嵩，湖北武昌府人，乙巳进士。道光三十年、咸丰元年在署梧州府苍梧县任时，贼匪肆扰正甚，该员练勇杀贼，贼目邓立奇、邓亚八等皆就擒。后署临桂首县，防堵得力，历著劳绩，由军功保奏以知州升用，先换顶戴。该员心地光明，办事敏捷，凡拿贼俱见果决，尤能料事，于军情颇有临机应变之才。闻以杀贼甚多，贼深恨之，陷武昌时特访其家，家属全行遇难，现在丁忧。请饬湖北巡抚查该员如已回籍，似可就近发往江南，随营差委，以资得力。谨附奏。

【附】上谕：太仆寺卿王茂荫奏请将丁忧在籍之广西知县、候升知州张凯嵩发往军营差委等语，张凯嵩着湖北巡抚查明，饬令前往江南交向荣军营差遣委用。钦此。

论李嘉端及庐州团练片

再，臣因安徽抚臣李嘉端不得民心，以致省城危急，正在缮折具奏，适读日抄，仰见圣明远照，将安徽巡抚李嘉端革职，而以江忠源补之。臣为乡里幸，更为天下幸，曷胜钦服之至。查李嘉端所以不得民心之故，首由信任非人。如前任庐州府胡元炜，庸懦贪污，声名狼藉，经周天爵奏参革审，而该抚仍留署篆。有徐淮者，本已革之蠹役，自周天爵为庐、凤道时拿之严，遂报病故。胡元炜乃收为门生，引为该抚腹心，现戴六品顶戴蓝翎。徐淮倚势作威，扰害闾阎，民尤怨恨。又署怀远县杨昌拔，性极贪鄙，上年冬间，忽传京师行钞，禁钱铺不准行票，婪取多赃。今夏逆匪窜扰，官绅方在守御，该县率众潜逃，贼退后县差王成等肆行抢掠，该县回署不问，但搜取良民衣物，名为充公。又将周天爵所获土匪衣物七十余包交该处为团练费者，悉取入署，多以肥己。乡民怨恨，而该抚名为撤任，仍复委任。凡此皆李嘉端之所以不得民心者。今该抚虽已革职，而胡元炜等恐仍用事，请饬署抚刘裕钤，即将胡元炜、杨昌拔等革去职任，重治徐淮害民之罪，以慰民心。

再，庐民勇悍，团练最早。自正月安庆失守，江北土匪肆起，经周天爵令练勇格杀数人，地方稍靖。该抚到任，辄欲翻案，以仇杀办诸练勇。虽经吕贤基力劝而止，而一时团练之人无不离心，以致贼来莫肯出力。臣闻合肥团练惟城中有徐淮用事，正人不出，甚不足恃。各乡皆多可用，如东乡廪生唐会衢、翰林院庶吉士黄先瑜、监生郭有训，南乡廪生吴毓芬、监生姚恩祺，西乡文举人周沛霖、赵凤举，北乡副榜司玙、廪生龚永孚、文生蒯德模、李鹤章等，所办均属有成，每团號健或千人、数千人不等，一呼可以响应。今李嘉端业经革职，众心必翕然一慰。请饬署抚并周天爵、吕贤基、李鸿章等，赶早劝谕诸团总，勉以忠义，资以粮饷。盖诸人惟龚永孚家属有余，其余均系寒士，力难捐资自效，非资以粮饷不能出力。果得诸人出力，必成众志之城。庐州未失，可以保守；庐州有失，可以即图收复。事关紧要，为此附片具陈，伏乞圣鉴训示。谨奏。

【附】

上谕：太仆寺卿王茂荫奏参已革庐州府知府胡元炜「贪污狼藉，将蠹役徐淮收作门生，倚势扰害，经周天爵奏参革审，李嘉端辄将该员仍留署任」；「署怀远县知县杨昌拔贪鄙婪赃，遇贼潜逃，并任听县差王成等肆行抢掠，李嘉端虽将该县撤任，仍复委用」等语。似此贪劣之员，若不严行惩办，何以整饬吏治而服民心！着刘裕钤即将该员劣款逐一确查，从严参办。并提同徐淮、王成等严审确情，按律惩办。至合肥县办理团练之廪生唐会衢，翰林院庶吉士黄先瑜，监生郭有训。吴毓芬、姚恩祺，举人周沛霖、赵凤举，副贡生司玙，廪贡生龚永孚，文生蒯德模、李鹤章，所办团练具有成效，着该署抚传谕该绅耆等，加以奖勉，令其实力董率保卫乡闾，并查明各属绅士捐资出力，能杀贼立功者，即行奏请鼓励，候朕施恩。钦此。

请将黄元吉李登洲治罪片

再，臣闻已革安抚李嘉端初派李鸿章管带练勇千人，驻守东关，于六月间忽令撤减数百名，于八月初又令知县黄元吉带勇往东关，与李鸿章换防。黄元吉于七月初十边已到巢县，距东关仅四十里。李鸿章因贼闯进裕溪运漕，自十六起每日飞函催令前来协助，而总不至。至十九日，李鸿章练勇与贼打仗后，黄元吉夜深始到。二十日早，所带之勇畏贼复来，欲先散去，将东关才镇居民掳掠一空而走，黄元吉不能留亦不能禁。清溪河钓鱼台一路百姓号泣呼冤，称家中都被黄强盗抢尽。李鸿章往查看，各家锅碗俱被打碎，连李鸿章寄存火药亦被抢掳。又，知州李登洲所带之勇亦正骚扰，与黄元吉相似。闻该二员现在革职，戴罪效力。窃谓不能约兵不能恤民之员，必不可用，用之适足误事，断无力之可效。伏乞皇上将该二员治罪，以慰人心。谨附奏。

附　录

致曾国藩函

中堂大公祖阁下：

三月初，奉复一函，谅已早登签掌。顷见各路捷报，狗逆就擒，想见神算独操，指挥若定，天下不足平矣，快甚！快甚！晚适得家书，正值流离之际，荷蒙远锡多金，涸辙之鱼，再生同庆，感激之下，不禁涕零。惟是尊赐可以救急，而兵饷不敢虚縻，将来在京有需用之处，务希示知，尽管来取，万勿存客气之见。晚家中虽已焚毁，外间尚有一茶业，舍弟辈勉强支持得来也。且晚前书所恳者，为夫除莠安良，则惠泽所被，敝邑之千万人实戴之，非止为一家而已。专肃申谢。敬请勋安，伏惟垂鉴，不宣。

治晚生王茂荫顿首　端节后二日

王茂荫传

王茂荫，字椿年，安徽歙县人。道光十二年进士，授户部主事，升员外郎。咸丰元年，迁御史。疏请振奖人才，乡会试务核实，殿试、朝考重文义，造就宗室、八旗人才，以有裨实用为贵。户部议开捐纳举人、生员例，茂荫疏争，且言：「筹饷之法，不徒在开源，而在于善用。委诸盗贼之手，靡诸老弱之兵，销诸不肖之员弁，虽日言推广捐输，何济？」又极论：「银票亏商，银号亏国。经国谋猷，下同商贾，体至亵而利实至微。初时亏不能见，及亏折已甚，虽重治其罪，亦复奚补！」其言皆验。

二年，粤匪自长沙趋岳州，茂荫疏言：「安徽防务，以宿松为要冲，小孤山为锁钥。设险非难，得人为难。请起前署广西巡抚周天爵帮办防堵，扼要驻守陆路，令府县勤谕绅民团练守助，用明金声御流贼保乡里之法，最为简易。」武昌既陷，茂荫又疏言：「贼势猖獗，宜急收人心，筹储积，讲训练，求人才。」三年，户部奏试行钞法，上命左都御史花沙纳与茂荫会议，奏行简要章程，并绘钞式以进。疏言：「皖北蒙、亳，捻匪蜂起，万一粤贼勾结，更为心腹巨患。夫欲平盗贼，尤在守令得人。庐、凤、颍诸郡，守令贪鄙者，实繁有徒。请严饬大吏从严劾汰，以治贼之源。」又曰：「两湖、江、皖处处言防，而处处不守，请严饬各督抚专主剿办，一处贼平，则他处之贼不敢复起；邻省贼灭，则本省之贼无自而来。是不言防而防自固也。」三月，扬州陷，茂荫疏言：「寇氛将逼山东，巡抚以剿贼出省，藩臬漫无布置，城内团丁不满七百。乞特简重臣防守，以固畿南屏蔽。」又言：「陕西设防，兵为民害，请谕饬按治。」茂荫屡上疏，言事侃侃，文宗颇响用。擢太常寺卿，迁太仆寺卿。

粤匪犯畿辅，参赞大臣科尔沁亲王僧格林沁驻师涿州，诸军咸观望不肯前。茂荫疏言：「贼既渡滹沱而北，回翔于深、晋之郊，而不遽北犯者，惧吾兵出也。吾兵出而迁延不进，贼有以知我之勇怯矣。臣窃谓贼自桂林北窜，诸帅丧师左次，皆为一守字所误。贼屯一日，可资休息；我屯一日，锐气日隳。贼所过劫掠，行不裹粮；我军坐食县官，日需钜饷。相持数月，饷绝兵匮，不待交绥而胜负已判。请密饬王大臣等明发号令，按兵拒守，而阴选健将率死士数千，潜师出彼不意，麾兵急击，一鼓可歼。如此，则大河以南，诸贼心怵胆落，不敢复图北犯矣。」

寻命会办京城团防保甲，擢户部侍郎，兼管钱法堂。户部奏铸当十、当五十大钱，王大臣又请增铸当百、当千，谓之四项大钱。当千者，以二两为率，余递减。茂荫上疏争之曰：「大钱之铸，意在节省，由汉迄明，行之屡矣。不久即废，未能有经久者。今行大钱，颇见便利，盖喜新厌故，人情一概。及不旋踵，弃如敝屣。稽诸往事，莫非如是。钱法过繁，市肆必扰，折当过重，废罢必速，此人事物理之自然。论者谓国家此制，当十则十，当千则千，孰敢有违？不知官能定钱直而不能定物直，钱当千，民不敢以为百；物直百，民不难以为千。自来大钱之废，多由私铸繁兴，物价腾踊。宋沈畸之言曰：「当十钱铸，召祸导奸，游手之徒，争先私铸。无故而有数倍之息，虽日斩之，势不可遏。」张方平之议曰：「奸人盗铸，大钱之用日轻。比年以来，虚高物估，增直于下，取偿于上，有折当之虚名，罹亏损之实害。」大观钱铸自蔡京，而其子絛作《国史补叙》：「始之得息流通，继之盗铸多弊，终之改当折阅。」事皆目睹，尤为详尽。古所不能行，而谓可通行于今乎？信者国之宝。大钱钞票，皆属权宜之计，全在持之以信，庶可冀数年之利。今大钱轻重程式，甫经颁行，未及数月，忽尽更变。商民惶恐，群疑朝廷不可信，此非细故也。或虑铜短停铸，故须及时变通。顾变通欲其能行，不行则亦与不铸等。逆贼一平，不患无铜；若贼不能平，铜不能运，虽仅现有之铜，悉铸当千，恐亦无济，可虑者不仅停铸而已。」上命王大臣及户部秉公定议，王大臣终执原议。

四年，户部会奏推广大钱办法，茂荫复疏争曰：「臣疏陈大钱利弊，未奉谕旨，臣职司钱法，夙夜思维，实觉难行。当百以上大钱，与原行当五十者无甚分别，此何以贵，彼何以贱，难一；以易市物，则难分折，以易制钱，莫与兑换，难二；大钱虽准交官项，然准交五成者，已有宝钞官票，大钱何能并搭？难三。此犹其小者耳，最大之患，莫如私铸。奸人以铜四两铸大钱两枚，即抵交官银一两，是病国也。盖行制钱，每千重百二十两，熔之可得六十两，以铸当十钱可得三十千。设奸人日销制钱以铸大钱，民间将无制钱可用，是病民也。宝钞官票，其省远过大钱，果能推行尽利，裨益亦非浅鲜，大钱之行，似可已也。」疏入，仍不报。其后大钱终废，如茂荫言。

又疏论钞法利病，略云：「上年初用银钞，虽未畅行，亦未滋累。及腊月行钱钞，至今已发百数十万，为累颇多。向来钞法，唐、宋之飞钱、交子、会子，皆有实以运之。无废银钱不用而专用钞，上下通行，为能以虚运实。明专以虚责民，以实归上，势遂不行。臣元年所奏，皆以实运虚之法。今时势所迫，前法不行，议者虽专于收钞时设法，然京师放多收少，军营有放无收，直省州县有收无放，非有商人运于其间，则皆不行。非与商人以可运之方、能运之利，亦仍不能行。」因拟上四事，务在通商情，利转运。奏入，上斥其为商人指使，不关心于国是，命恭亲王奕䜣、定郡王载铨核议。议上，谓茂荫所论，窒碍难行，严旨切责。寻调兵部。

粤匪踞池州、太平，皖南隔绝。茂荫奏请以徽州暂归浙江统辖，上命浙江巡抚黄宗汉体察酌行。初，茂荫疏言：「贼胁良民，驱为前锋。请特降谕旨，自拔来归，均从宽贷。杀贼来献，均加爵赏。」京师久不雨，上命清厘庶狱，减免情节可矜者，茂荫又疏言：「可矜者莫如贼中逃出之难民，各处捕获难民，指为形迹可疑，严讯楚毒。此辈于法不为无罪，于情实有可矜，请敕暂缓定拟。皇上御极以来，屡诏求言，言或无当，奉旨明斥；斥其无当，非禁使不言也，然言者即因以见少。即如诸路偾军失地之将帅，未败之始，其措置乖方，人言藉藉；而无敢为皇上言者，或虑无实据也，或虽有实据而虑查办时化为子虚也，或虑不用徒招怨也，或谓圣心自有权衡也，是以皆不敢言。至用人进退之际，臣子每不敢尽言，浅者惧干圣怒而见斥，深者惧激上意而难回。皇上披览奏章，纤悉必邀批示，勤亦至矣。臣以为精神贵于不纷，愿务其远者大者，舍其近者小者。明主劳于求贤，而逸于任人。今天下人才不足，此诚可忧。虽然，非无才也。如罗泽南，人无不知为将材矣，初不过一贡生耳。湖南一省，既有江忠源兄弟，又有罗泽南诸人，则他省可知。惟贤知贤，惟才爱才，是在圣心之诚求耳。方今武畧未下，江西又复危急，两省之民，向也与贼为仇，今乃竟有从逆者。此中转移之故，宜深思也。列圣仁渐德被，人心断不能忘。然此时不亟维系，使贼得徐出假仁假义以为市，恐民心将为所摇而难挽矣。」奏入，上嘉纳之。

八年，病免。十一年，穆宗即位，以茂荫忠直，命俟病痊听候简用。同治元年，上疏陈时政，言：「天象示警，宜谨修省。议政王责任重大，宜专心机务，余事综其大纲。言官宜加优容。顺天府事繁，府尹石赞清不宜兼部。各国通商事务衙门司员甫及一年，即得优保，恐各衙门人员皆以营求保送为得计，宜防其渐。」署左副都御史，命偕兵部尚书爱仁往山西按事。授工部侍郎。二年，调吏部。丁继母忧，归。四年，卒于家。

载《清史稿》

皇清诰授光禄大夫吏部右侍郎加二级谕赐祭葬显考子怀府君行状

呜呼痛哉，府君竟弃不孝等而长逝耶！府君筮仕以来，由部曹荐跻卿贰，三十余年竭虑殚精，以身许国。自癸亥丁忧回籍，病体日衰，精神渐减，然于国计民生，犹时刻萦怀，不能恝置。不料旧疾未瘳，复感暑疫，延医诊视，迄不见效，痛于同治四年六月竟尔不讳。不孝等生不能养，病不知医，泣血椎心，百身莫赎，尚何以为人，何以为子哉！

府君属纩之明日，不孝等谨将遗折专丁赍送署两江总督宫保李公代奏，七月三十日奉上谕：「李鸿章奏侍郎在籍病故，并代递遗折等语，前任吏部右侍郎王茂荫，由部曹历任谏垣，荐跻卿贰，廉静寡营，遇事敢言，忠爱出于至性。于同治二年，在山西差次闻讣，丁忧回籍，方冀服阕来京，重资倚畀，兹闻溘逝，轸惜殊深。王茂荫着加恩照侍郎例赐恤，任内一切处分，悉予开复，应得恤典，着该衙门察例具奏。钦此。」嗣礼部具恤典题奏，恩赐祭葬。不孝等跪读泣告，举家哀感，世世子孙捐糜顶踵，莫能酬高厚于万一。

伏念府君居官行己，经济文章，历历在人耳目。不孝等蠢愚无识，未克仰窥。不孝铭诏、铭镇，自幼在里；不孝铭慎，虽一再北上省视，府君辄令下帷读书，概不准预外事。于府君生平事实，非特言之不能详，抑且知之不能尽。唯府君荷三朝知遇之隆，夙夜小心，始终勤慎。凡所以答主眷、尽臣职者，皆将胪列国史，倘不及今裒辑，日久就湮，则不孝等获戾滋大，用敢于苫块之余，谨就见闻所及，略陈梗概焉。

府君讳茂荫，字椿年，号子怀，姓王氏，世居徽州府歙县之杞梓里。高祖讳洪烈，乾隆壬申恩科武举人，以太高祖遴士公得痹疾，侍榻十余年，未与兵部试。曾祖以和公，少英敏，读书不仕，敦行乐善，乡里推重。祖敬庵公，克承父志，尤笃于追远报本，修祖祠，置墓田，敦宗睦族，恤孤怜贫，于造桥、修路、兴水利、施医药诸善举，恒以身任其劳，孜孜不倦。三代均以府君贵，封赠如其官。高祖貤赠光禄大夫吏部右侍郎加二级，曾祖、祖均诰赠光禄大夫吏部右侍郎加二级；高祖妣氏方貤赠一品夫人，钦旌节孝；曾祖妣氏方、祖妣氏洪均诰赠一品夫人，继祖妣氏吴诰封一品太夫人。

敬庵公生子四，府君居长，洪太夫人出；次茂兰，出嗣伯祖后；次茂茹、茂蔼均吴太夫人出。府君弱不好弄，髫龄入塾，晨入暮归，或起稍迟，同学有先入塾者，府君必哭泣自责，塾师以是深器之。舞勺后，从双溪吴柳山先生游。先生为乾隆丁酉科江南解首，故名宿也，门下多积学之士。府君相与观摩，益自刻励，挑灯攻读必至三更方寝，昧爽即披衣起而默诵，溽暑严寒无少间，由是学业大进。时太仓钱伯瑜先生主讲紫阳书院，见其文深相奖许，引为契友。岁辛卯至京师恭值恩科，以监生应京兆试，中式举人，座师为户部右侍郎山阳李芝龄先生、吏部左侍郎长白宝文庄公、大学士德州卢文肃公，房师为京畿道监察御史安顺宋芸皋先生。明年壬辰，会试联捷，成进士。座师为大学士吴县潘文恭公、刑部尚书开化戴简恪公、工部尚书长白穆鹤舫先生，吏部尚书宝应朱文定公，房师为翰林院编修楚雄池籥庭先生。引见后授主事，签分户部广西司行走。五月到部，闰九月告假归省。

先是府君幼时，为曾大母所钟爱，甫断乳即抱同卧起，既而大母洪太夫人见背，益顾复劬劳，不离形影。迨稍长就外傅，曾大母时思念不置，间月必召归一见。至是成名，为之一喜，恒戒府君曰：「吾家虽寒素，粗足自给，愿汝善守身，不愿汝积多金也。」府君终身志之不敢忘，盖一生清节，有自来矣。

癸巳四月，来京供职。丙申恩科会试，充收卷官。丁酉正月乞假省亲，八月销假。庚子八月随大司马裕文端公、少司农善公泰，赴盛京凤凰楼、清宁宫、永陵、启运殿查估工程，十月回京，作述怀诗四首，望云思亲，言之悱恻。

辛丑元旦，府君忽心动，遍告同人，欲乞假归。同人咸劝暂缓，府君不可，亟促装南旋。二月抵家，则曾大母已于正月初八日见背，抚棺长号，自恨归晚，哀恸不已。爰泣述曾大母苦节及一生事实，缀辑成文。入京销假后，乞大宗伯李芝龄先生作传，赠尚书戴文节公、编修蔡春帆先生并为绘贞松慈竹图，一时名流题咏，竟成巨册，于是有《节孝录》之刻。

甲辰充会试收卷官。丙午六月，补授云南司主事。丁未八月，升补贵州司员外郎。戊申二月，奉旨记名，以御史用。三月接大父病信，急乞假归。甫抵里门，已闻凶耗，悲号擗踊，痛不欲生。

庚戌八月服阕，咸丰元年辛亥六月到部，七月补授江西司员外郎，八月补授陕西道监察御史。九月奏陈用人、理财各一折，奉上谕：「御史王茂荫奏请振兴人才，酌拟五条呈览，其请造宗室、八旗人才，历陈近来积习，自系实在情形。我朝人才蔚起，八旗文武谋略超越前代，良由习尚淳朴，不尚浮华。近来文风日盛，留心经济者固不乏人，第恐沾染时习，风雅自诩，不思讲求本务，殊非崇实黜华之道。迭经朕申谕谆谆，该管王大臣等，尤当因材造就，俾文事武备，各尽其长，毋负朕培养教诲之至意。余者着礼部议奏。钦此。」

十月，派帮办北城饭厂。壬子七月，兼署福建道监察御史。八月署山西道监察御史，又署礼科掌印给事中、兵科给事中。九月奏「户部以需饷孔殷，奏请准士子报捐举人、附生以推广捐输之例，臣窃惜其无益于目前而徒贻讥于后世也。举人、秀才，天下所贵。天下之士莫不攻苦力学以求之，其间妄希侥幸者亦或间有，顾其意不独以乡、会试为进身之阶，亦为榜上一名，可以能文自负，夸耀士林也。若竟出于例捐，既无科分之可称，亦无同年之可认，见者或多窃笑，谈者罔不鄙夷，谁其愿之？当道光十三年虽有捐赈邀赏举人者，究竟捐者几人？在部臣之意，或谓前次捐数逾万，故捐犹少，今减其数之半，自必倍形踊跃。不知人因其贵而贵之，因其贱而愈益贱之矣。夫入资拜官，虽非善政，然自汉以来有之；至报捐科名，则古所未有。」又言，「方今筹饷，不徒在于来处，而尤在于用处。广东军兴以来，共用饷八十余万，广西虽有不同，亦何至遂用千万？即如各省解饷，均在全州交卸，全州殉难折内有四川解官卢金第、安徽解官陈堃二员，夫既有解饷之员，即有所解之饷。若谓饷银已解赴粮台，则解员必久经回省。今解员既在城中，则饷银未出城外。乃守城方十一日，而原奏称兵丁数日饥饿，既不可解，又未见将各省解到之饷因城陷而为贼所得者，实计若干，确查奏报。此中盖有难言者矣。夫不求饷之用必得济，而任委诸盗贼之手，靡诸老弱之兵，销诸不肖之员弁，虽日筹捐输，似亦徒劳」云云。奉上谕：「前据户部奏请捐纳军功举人生员一折，着不准行。钦此。」

十一月，钦命巡视中城。癸丑正月，奏陈银票亏商，银号亏国，部议未尽，请饬另筹一折，略云：「伏查部议所称用银票之法，请于各省当杂各商生息帑本内，每酌提十分之三解交藩库，报部候拨，户部核明银数，应造一百两、五十两之票若干张，汇发该省，按原提本银数目分给各该商，准令该省捐纳封典职衔贡监之人，向各商买票报捐，归还原提银款，其各商应缴息银仍如其旧，于商无亏，于事有济，等语。臣不知各省生息帑本共有若干，有济与否，不敢妄议，若商则知其必亏。臣闻各省州县皆有典规，岁数千两至万两不等，是即平居无事，而已视典商为鱼肉，今令州县以提帑本发部票，则必以火耗、脚价、部费为藉口，而收银有费，发票有费，费之轻重，固视官之贪廉，然官即能廉，吏亦无空过之事，此商之亏一也。商之缴银也限以三月，由州县而藩司而报部，不知几月；追部中核定银数，造票有时，发票有时，由该省以行至州县分给各商，又不知几时。窃计自商缴银之日以至领票之日，至速亦须一年，此一年中该商等本银已缴其三，而息银仍如其旧，此息更从何来？此商之亏又一也。商领银票，准令该省捐纳封典职衔贡监之人，向各商贾以报捐归还原款，窃计捐生有银，何为必欲买票？且买票入手，不知有无真伪；持票上兑，不知有无留难，何如持银上兑之可恃。苟非与该商素识，委曲代计补亏，断不向买。设领票年余，而素识中竟无欲捐之人，其票必悬而无着，此商之亏又一也。由前二亏，亏固难见，由后一亏，亏更无期。再查所议官银钱号之法，请于京城招商开设银钱号三所，由库发给成本银两，户部每月应放现钱，一概放给银票，在官号支取，俾与钱票相辅而行，等语。此在商贾可行，而在国家则不能行也。姑无论以经国谋猷，下同商贾，其体为至亵，而其利为至微。今且以商贾之道言之，大抵能创一肆、守一业者，其人必工心计、习俭勤，旦夕以身入其中，而又知人而善任，非是则败。盖有创业数年，一旦身离其地而顿亏者矣；有资本巨万，偶用非人，不数年而全覆者矣；有日习其中而计虑未精，业仍销歇者矣。夫以商贾之自为尚且如此，今乃欲以官招商为之，其人而果殷实、善经营也者，彼且自谋之不暇，何暇为官谋？其应招者必其不可恃者也，而官又不能旦夕稽察其间，即使派员稽察，亦属徒然。况官吏往来，尤难保无沾染乎；户部写票悉由书吏，尤难保无作假乎，假照之案可为前车。此法若行，不数年而银本钱本必成大亏，此臣所谓亏国也。在部臣意，必谓有亏不难重治其罪耳，不知狡黠之徒，初时之亏断不能见，至亏之已甚，则虽重治其罪亦复何补！再查部臣议行银票意，谓票与钞相关，欲以此试钞之行否。臣窃谓此意似未深思也。诚欲试钞法，当如其法而用之，方为试行。若变易其法，则行与不行皆各自一事，安得以此而概彼？夫行钞首在收发流通，惟收之能宽，斯发之不滞。今银票之发惟以抵存本，而收惟以报常捐，上下均隘其途，安得而流通乎？」云云。奉朱批：「户部议奏，钦此。」

十九日奉上谕：「户部奏请派员会筹试行钞法一折，着派左都御史花沙纳、陕西道监察御史王茂荫会同户部堂官速议章程，奏明办理。钦此。」二月十七日，荷蒙恩赐召见。问：「官银票可以行否？」奏：「现拟章程有收有放，似当可行。」问：「现进票样较你前奏小些？」奏：「臣之初意不独京城银号各商欲令立一总局，以期上下流通，并欲令各省都会银号均立总局，以期往来流通。现在时势所阻，臣之意已不能行，各条章程皆系户部所定，不过收放之间稍有参酌。」问：「现在钱店纷纷关闭，可是为要行官票？」奏：「此事似与官票无干。部库放项多搭官俸，收项多属常捐，于钱店本无所碍。」等语。

三月，署湖广道监察御史。四月，奉旨补授太常寺少卿。旋奉旨稽察左翼觉罗学。六月初一日，御门奉旨，补授太仆寺卿。初二日，谢恩，召见，问年齿及家中人口并京寓地方甚悉。又问：「你是那年上回家的？」奏：「道光二十八年春间，接家信知父亲有病，告假归省，到籍即经丁艰。」问：「在家几年？做过什么事？奏」：「臣在家，因臣县自唐宋元明以来，孝贞节烈妇女载在县志未经请旌者八千余名，道光二十三年汇详题请，奉旨予旌，而数年未行建祠立坊，臣会同邑绅造祠建坊。」等语。盖府君自通籍后携眷属至京师，仅一年余耳，其余月日皆孑身独处宣武门外之歙县会馆。文宗显皇帝已有所闻知，故垂询如此之详也。

九月，奉命与宋光禄晋、何观察桂珍 、会议大学士贾、大司空翁、大中丞朱所奏 城守事宜六条。十月，又奏请旌表殉难士民一折，奉上谕：「太仆寺卿王茂荫奏请旌表殉难士民一折，军兴以来，被贼滋扰地方文武官绅及兵勇人等，或临阵捐躯，或遇贼被害，经各督抚奏报，无不立沛恩施，给与恤典，并谕令各该督抚查明被害较烈之员，再行分别酌议，加赠与谥，或令入祀昭忠祠，以励臣节而慰忠魂。复念被难各省地方士庶人等，或因骂贼致戕，或因御侮遭害，全家罹难，阖室自焚，虽贵贱之不同，实节义之无愧，特恐僻处乡隅，不获上邀旌恤，以致湮没弗彰，朕心恻焉。着各该督抚通饬所属，迅速查明遇贼死节士民妇女等，除照例题请旌表外，其殉难尤烈者，并准其奏明请旨分别赐恤。该督抚等其秉公详核，毋滥毋遗，以副朕励节褒忠之至意。将此通谕知之。钦此。」

十一月初二日，奉旨补授户部右侍郎兼管钱法堂事务。初三日谢恩，自陈才力不及，恳求辞职，奉旨不许。初四日召见，复碰头自陈，仍不许。上谕：「汝在户部多年，各事熟悉。」初十日，奉旨派考国子监恩监生，同被命者，宗室载鹤峰少司空、毓瑞青宫詹，十四日覆命。

二十一日，奏陈大钱利弊，极言当百当五百当千三种，折当太重、分量悬殊、种类过繁、市肆纷扰一折。二月初二日召见，又面陈当百以上大钱之不能行。是年，京官普行捐输。奉旨：「交部议叙」。岁暮蒙颁赏野鸡、奶饼、鱼、哈密瓜诸贡品。嗣后，每居岁暮，颁赏如例。甲寅正月，复奏大钱私铸繁兴，亏国病民，恳请停止一折。二月初八日，经筵侍班，赐坐赐茶。三月初五日，奏陈钞法未尽、敬陈管见并沥陈下情一折，末云：「抑臣更有请者，现行官票宝钞，虽非臣原拟之法，而言钞实由臣始，今兵丁之领钞而难行使者多怨臣，商民之因钞而致受累者多恨臣，凡论钞之弊而视为患害者莫不归咎于臣，凡论钞之利而迫欲畅行者又莫不责望于臣，而臣蒙恩擢任户部业经数月，一无筹措，上负天恩，下辜民望，夙夜愧悚，实切难安，相应请旨，将臣交部严加议处，以谢天下而慰人心，庶几浮言稍息。臣虽废黜，不敢怨悔。」云云。十二日，奉旨调补兵部右郎侍。

七月，派专司马馆事务。闰七月二十九日奏事，召见，问衙门事务及家乡情形。十月，奉旨转补兵部左侍郎。乙卯二月二十九日，奏请暂缓幸御园一折。七月，奉派贡院搜检。十月，奏派覆勘丰咸三年岁考前列试卷。丙辰二月初十日，经筵侍班。是科会试及各省举人覆试，均派贡院搜检。

四月，奏天时人事危迫日深一折，「窃臣伏见天象，今年以来，雨雪阴霾为日既多，即见晴霁，日旁亦若时有云气，精彩非复如常，而二月初十与三月二十五日黎明时，天色尤异。臣虽不识天文，然私心过虑，窃以为此殆天之所以垂警也。又读日抄，见盛京奏，上年腊月，金州地震四十四次。金州虽属海滨，实近根本之地，震动至此，窃又过虑，以为此殆天之所以告警也。京城银价贵至八吊以外，百货转运不来，旗民日起愁叹，苦不聊生，此内之危迫也。各路贼势有增无减，警报日至，勇将被伤，饷或待发年余，兵或时闻溃散，此外之危迫也。夫以天时人事至于如此，而欲起而挽救之，头绪万端，亦几无从措手矣。然臣以为皆天心之降乱而未有转也，诚得天心一转，则贼匪自灭，天下自平，是此时致力之方，惟在求天心之早转矣。然而欲转天心，必求力尽人事；欲尽人事，必求务协民心。何则？天视自我民视，天听自我民听也。夫民之视听果何在哉？臣以为一在省已，一在用人。二者皆本于一心，而其枢则系乎听言。伏见贼匪窜扰以来，皇上轸念民生，勤求治术，以祈仰慰昊苍。郊坛大祀，致敬竭诚；虎尾春冰，常存敬畏；应天以实不以文，早为天下共见，而效顾未著，何也？昔者太戊修德而妖孽消，宋君一言而荧惑退。感应之机，捷于影响，岂至今而有异？臣愚以为天之爱人主如父母之爱子，人主事天亦如子事父母，亲意未回，惟咎孝敬有未至；天心未转，惟念修省有未尽。愿皇上之更益深思而内省也。今日之民苦至极矣，苦贼、苦兵、苦水灾，捻匪转徙无常，存亡莫定，流离穷迫，莫罄形容。皇上诚悯民生之苦，念切恫瘝，至诚恻怛，深自咎责，于随时随事，皆深视民若同胞，而有灼艾与为分痛之意，斯民闻之而感泣，即天听之而意回者，其一也。昔鲁君以民服为问，而孔子对以举直错枉。夫举错何关于民，乃一直举而民快然若所亲，一枉错而民快(快)然若所仇，岂必尝有德怨哉。盖斯民也，三代之所以直道而行也，故《大学》言平天下惟在公好恶。汉高祖封雍齿而斩丁公。盖当进者虽所不喜亦必用，当罪者，虽所甚喜亦必诛，正收人心也。皇上诚察民之所好者好之，则好一人而可得千万人之心；察民之所恶者而恶之，则恶一人而亦可得千万人之心。人心翕然顺应，即天心因之以感格者，又其一也。顾臣以为二者皆本于一心，而其枢则在听言，何也？舜，大圣人也，而群臣进戒，一则曰：罔游于逸，罔淫于乐；再则曰：无若丹朱傲，惟慢游是好。非舜深见人心之惟危而不以为迂，安能有此？知人则哲，自古为难，故虞书纪辟四门，必继以明目达聪，盖诚虑耳目有未周，即用人有未当，而欲合天下之聪明以为一人之聪明也。是省已与用人，固非虚衷听言不为功。且不独此也，苗民逆命，以不矜不伐之禹，而益赞之言，但曰：满招损，谦受益。齐威王令群臣吏民，能面刺过者受上赏，上书谏者受中赏，谤讥以闻者受下赏，诸国闻之皆来朝，当时谓之战胜于朝廷。则凡所以平逆命而求战胜者，亦在是矣。皇上御极以来，屡诏求言，并有言不逆耳不可谓谏之谕，凡有裨于用人行政之言，无不仰邀采纳。既而言或无当，乃有奉旨明斥者。斥之第以其无当，初非禁之使勿言也。乃前之言者见多，今之言者见少，盖臣下敬畏天威，非诱之使言，即多有不敢言者。今无论其他，即如各路军营，某也将不胜，某也将必败，道路传闻，往往应验，而无敢以为言者，或则虑无实据也，或则虑有据而查时化为子虚也，或则虑言之不行而徒招怨也，或则谓权衡自在圣心也，是以皆不敢言也。倘各路必败之军，人早言之而去之，何至有败坏之事？至于败坏而后罪之，所失多矣。是以孔子称舜大智，不独好问好察，必曰隐恶扬善。盖非好问察而人不敢言，即问察而恶不为隐，犹恐善不敢言也。且用人进退之际，臣子有难言之隐，盖惧干圣怒而见斥者意犹浅，惧激圣心而难回者意实深。进言献纳之际，臣子又有难言之隐。盖获听，则人将翕然而归美于上者，喜固深，不获听，则人将哗然而归美于下者，惧尤深。用人听言，著乎视听而关乎民心者至大，往往有因不用而民愈望之，因不听而民愈称之者。诚察乎此，而所以得民心者可知矣。皇上批览章奏，纤悉有误，必邀批示，天下臣民无不仰聪明之天亶，宵旰之勤劳。然臣以为精神之用，贵乎不纷，窃愿务其远大而舍其近小。各督抚军帅之奏，务在察其才之能否与心之诚伪，倘有见为不能而多伪者，预为去之，不待偾事之既多，则所保实多。且去一当去之督抚，而全省之人心皆感动；去一当去之军帅，而合营之人心皆感动。所以收人心者，尤甚大也。抑臣闻，明主劳于求贤，而逸于用人，故尧以不得舜为忧，舜以不得禹、皋陶为忧，楚庄王见群臣之不若己而有忧色。今天下才实不足，谅久在圣鉴之中，此诚可忧之事也。然莫谓天下无才也，天生才以供世用，不在上则在下，如罗泽南者，今皆知为将才矣，初则一岁贡耳。且湖南一省有江忠源兄弟，又有罗泽南师弟，则他省可知。第少有留意人才如曾国藩、骆秉章者耳。惟贤知贤，惟才知才。皇上尝谕令各督抚广为咨访矣，诚恐各督抚有见而不能知、知而不能用者，嘉言罔伏，斯野无遗贤，是尤全赖圣心之诚求耳。收一良将之才而人心感奋，收一良吏之才而人心尤感奋，所以收人心者，又甚大也。天下以人心为主，臣之所陈，皆欲得人心之大同，以冀天心之速转。现在武昌未下，而江西又复危急，向闻该二处之人，皆力与贼为仇，而近闻贼众甚多，恐从之者亦不少，此中人心转移之故，宜深思也。列圣深仁厚泽，人心断不能遽忘，然不于此时急设法以维系之，任贼出其假仁假义以为市，则人心恐遂为所摇而难挽。伏见辰衷渊密，丕显惟德，有定静而安之神，必有能虑而得之妙，非浅识所能窥测。臣实心迫忧危，遂不禁言之难已。自顾一身毫无可恋，第念受恩深重，无可为报，是用竭其区区之愚，敬行陈奏。」奉上谕：

「本日据侍郎王茂荫奏，天时人事危迫日深，致力之方惟在求天心之早转。又谓民之视听一在省己，一在用人，二者皆本于一心，而其枢则系乎听言。持论切当，与朕心适相符合。当此时势多艰，力图补救，朕惟省躬克己，于用人行政之间慎益加慎。中外臣工亦当夙夜靖共，交相儆惕，以副朕孜孜求治之心，实有厚望焉。钦此。」

三十日，派充进士朝考阅卷大臣。九月初四日，武会试，派充宿字围较射大臣。丁巳二月，经筵侍班。十一月二十九日上谕：「著加恩在紫禁城内骑马，钦此。」戊午四月，派办理五城团防事宜。

是时，海氛不靖，府君愤激特甚，日夕筹思，屡陈封事，并上守备策四条。由是肝气上冲，心烦不寐，腰足作痛，精神疲倦。六月，团防撤局，始请病假。七月，奏请开缺调理，奉旨允准。十月，由歙县会馆移寓于广渠门内之玉清观，时不孝铭慎随侍在京。己未，以本省借浙闱开科，府君命回南赴试。不孝铭慎以侍奉无人辞，不许。是岁十月，府君得恍惚之症，觉言语都不自由，问答时形乖舛，延医诊视，谓由思虑过度，心血亏损所致，投以参剂，始渐瘳，自是语言微患蹇滞。同年，锡子受观察延请，主讲潞河书院，遂移寓潞河，藉以养疴。

辛酉七月，文宗显皇帝驻跸热河，龙驭上宾。府君惊闻遗诏，抚膺号哭，哀痛不能自已。每对人道及先帝特达之知遇、逾格之优容，辄潸然泪下。八月，今上登极。十一月，奉传知至军机处察看，府君沥陈病状，奉上谕：「前任兵部侍郎王茂荫志虑忠纯，直言敢谏，特谕议政王军机大臣传至军机处察看。据该侍郎自称精神尚未复原，急切恐难任事，系属实情。若遽令销假，转非所以示体恤。王茂荫着安心调理，一俟病痊，即递折请安，听候简用。钦此。」府君具折谢恩。每以仰叨体恤，感激涕零。

壬戌三月，奏云：「窃臣以衰朽之资，荷蒙恩旨，中心感激，寝食难安。数月以来，极力调理，气体虽经少愈，而言语仍形蹇滞，自揣尚未复原。因思报国惟有进言，臣力无以任犬马之劳，而臣言或可为刍荛之献，谨就见闻所及摅缮五条，为我皇上陈之。一，天象示警，急宜修省也。臣伏处通州，闻街市纷纷传说，正月初八日日象有三大晕，又二月初三日星象亦有变异，近且风霾屡作，雨泽愆期，臣不知天文，亦不知钦天监曾否奏闻。窃谓天道昭于上，人事见于下。天人感应，捷如影响。如上年秋冬间之事变，五月即有星象昭示，譴变不虚生如此。伏思皇上奉两宫皇太后端拱深宫，议政王孜孜求治以辅翼，我国家政务清明，何应有此！然机兆于微，而患萌于近。天之示象，不必其事已见，原予人以修省可转之机。臣伏愿皇太后、皇上与议政王交敬于微，毋忽于近，随时随事皆存戒谨恐惧之衶，增一分修省，则减一分灾异，增十分修省，则减十分灾异，天不可欺，必以至诚无伪之实心，行震动恪恭之实意，所谓应天以实不以文者，存于中不必宣于外，庶几化大为小，化有为无，夫有道之象自见矣。一，责任重大，务宜专一也。昔东野稷以善御见鲁庄公，而颜阖决其必败，为其马力竭也。汉相陈平惟兵刑不知，钱谷不对，故能出奇计。唐太宗责房、杜曰：公为宰相，须开明耳目，访求贤哲，比闻听受词讼，安能助朕求贤？臣自上年冬月，奉传至军机处，见议政王所管各衙门庶务，纷至沓来，几于应接不暇，心窃虑之。方今用兵省分半天下，机务已极烦重，各部院奏上事件，均须献替拟旨。往往一事之来，有非殚心研虑不能得其窾要者。昔周公至圣，犹且思而不得，至于夜以继日。议政王虽明敏过人，然过劳则心力分而神明易竭。臣愚以为议政王宜专心机务，其余事件，综其大纲而已。臣意圣心非不知此，特以诸凡重务，必议政王管理方可放心。然两重相形，则尤重者自见。若议政王精神周察于各将帅督抚与各部院大臣，务令皆得其人，则内外就理，军务自平，天下可不劳而理矣。一、言官宜务优容也。伏见御极以来，广开言路，优奖谏臣，亦云至矣。嗣乃有获咎者，虽其咎由自取，然臣窃恐诸臣动多顾忌，不敢尽言也。昔者唐太宗厌上封事者多不切事，欲加谯黜。魏徵曰：「古者立谤木欲闻己过。言而是，朝廷之益；即非，无损于政。」宪宗以谏官多谤讪朝政，欲谪其尤者一二人以儆其余。李绛曰：「人主孜孜求谏犹惧不至，况罪之乎？如此杜天下之口，非社稷之福也。」古来贤臣之言，类如此。且匪直此也，人之学识心术，原自不一，正可因言以知其人，若人皆缄默，则贤否转无自而分。伏愿皇上法大知之舜，隐恶扬善，斯嘉言罔伏。臣为天下计，非为一人计也。一、府尹不宜兼部务也。伏读谕旨：「石赞清著兼署刑部侍郎。」查顺天府管辖二十四州县，事务殷繁，属官时有禀见，当一一审其才能；直隶时有会商，当一一酌其可否，即贤能之员犹恐精神未能周到，似不宜再兼部务。况刑部事务亦繁，必须逐日到署，若不存心部务，则虽添一员亦如无有；若将部务存心，则一心难以两用。且由府至部，来往几二三十里。两缺皆繁，而日费二三十里工夫，亦殊可惜。又，顺天府有咨呈刑部衙门案件，刑部有札行顺天府案件，两署之事不必一一符合，设有驳改斟酌之处，而刑曹以府尹为本部堂官，多所迁就，亦非慎重公事之道。臣见道光年间，府尹不兼刑部，亦犹刑部堂官之不兼步军统领，虑其有所窒碍，意深且远，盖专辖之任不比兼尹也。一、奔竞之风，宜杜其渐也。臣闻通商衙门行走司员，皆从各衙门取送，不知当时奖励章程如何奏定，乃今甫及年余，一概优保。有今年甫行到署不过月余，亦得保者。臣窃以为过于优异，恐有流弊。若通商衙门保举如此，则各衙门当差人员皆以营求保送为得计，而于本衙门事件，悉皆拖荒，恐奔竞之风日开其渐，不可不防也。以上五条，是否有当，伏乞圣鉴训示，臣不胜感激悚惕之至。」奉上谕：「王茂荫奏天象示警，急宜修省等语，所奏甚是。朕以冲龄，寅绍丕基，兢业罔敢怠荒，乃自正月以来，日星垂象，雨泽愆期，昨虽得有时雨，农田尚未沾足，此皆由修省未至，弗克感召和甘。所幸天心仁爱，悬象示警，深切著明。因思感应之机，捷如影响。我两宫皇太后，朝乾夕惕，惟日孜孜，朕尤当益加寅畏恐惧修省，以承天眷。其议政王以及各部院大臣，亦当交相策勉，如有政事缺失，必应随时匡弼，直陈无隐，俾得庶政修明，用副应天以实不以文至意。钦此。」同日奉上谕：「王茂荫奏请饬议政王专心机务，事总大纲等语。朕奉两宫皇太后亲政以来，因念时事殷烦，特授恭亲王为议政王，在军机处行走，原期事总大纲，用资匡助。近闻各部院于应办事件，往往窥探意指，先期向议政王就商。在议政王向以公事为重，自不肯以一人之见擅行裁定，而各部院大臣皆出自特简，庶绩厘凝，全赖该大臣献替可否，以臻妥协，即举措或有未协，亦当力争匡救，用辅不逮，方合古大臣忠亮之义。其一切应办事件，各有专司，只宜斟酌例案，断不准多所揣摩，借口禀承，致负委任。其议政王所管各衙门随同办事之大臣，亦均身列卿贰，遇有意见不同者，不妨独抒己见，与议政王公同妥商。岂可依唯画诺，稍存推诿之心。议政王于一切政务，当综其大纲。如有各部院办理未协者，并暑尽心纠参，用副寅亮天工，庶官无旷之至意。钦此。」又奉上谕：

「王茂荫奏言官宜从优容等语。我两宫皇太后亲裁大政，言路宏开，虚心采纳，乐闻谠言。前因御史曹登庸于会议定陵规制，众论佥同之事，先自陈奏，不知大体，并于派办工程司员，率以无据之词，牵涉彭蕴章、绵森等，恐启揣摩尝试、摭拾暧昧之渐，于世道人心甚有关系，特降补员外郎，用端习尚。其余如博桂所奏，词意庞杂，无裨政治，仅将原折掷还，亦未加以谴责。本年御史刘庆奏请饬正奏疏体裁，所言殊属非是，且意近迎合。伊古名臣奏议，无非以国计民生重大诸务为经纬，该御史既为言官，茫昧无知，率请饬正体裁，岂言官建白，必有故套可循，亦将其原折留中，以示优容。至纠劾劣员、条陈时政者，无不立予施行，即或事有窒碍、言涉浮泛者，亦各节取所长，以宏达聪明目之意。嗣后该科道等官，于一切政务确有所见，足以裨益时政者，仍著据实直陈，无稍徇隐。朝廷将细察其才识言论，破格优奖，以作敢言之气，用旌直臣而收成效。将此谕知科道等官知之，刘庆折并署交内阁发抄。钦此。」又奉上谕：「王茂荫奏保举太滥，宜杜其渐等语。据称总理各国事务衙门司员，甫及年余，概行优保，且有甫经到署不过月余，亦得优奖，恐滋流弊，等语。所奏不为无见。总理各国事务衙门前于保奏司员折内声明，系办理外国事件，与各部院事务不属同员。创且始，诸形烦剧，是以未照奏定年限，破格请奖，当经特旨允准，用示鼓励。第恐此端一开，各部院衙门司员有所藉口，致滋流弊。除此次所保各员业经允准，著吏、兵等部毋庸照寻常劳绩核减外，嗣后该衙门务当照奏定章程，以二年为限，择其资格较深、办事勤慎者，酌保数事，照例奖叙，不得意存见好，概行保奖，以符定章而杜弊端。钦此。」又奉上谕：「刑部右侍郎著吴存义署理，石赞清著毋庸兼署。钦此。」

四月初十日，销假，递折请安，又陈封奏一件。十一日，奉上谕：「都察院左副都御史著王茂荫署理。钦此。」五月二十九日，奉命偕兵部尚书爱清恪公，驰驿前赴山西，查办事件。七月初四日，抵山西省。十一日，奉旨补授工部右侍郎兼管钱法堂事务。八月十五日，奏查办山西事件完竣。十六日，启行赴陕西。九月十六日，抵坡底镇，值潼关吃紧，驿路不通，旋奉旨折回山西。

癸亥二月，奉旨调吏部右侍郎。六月在山西差次，接先继祖慈讣音，即日恳尚书爱公、巡抚英公奏明，奔回京师，在途昼夜哀号。是时家乡不靖，不孝铭诏等奉祖慈避难江西，舟次樵舍而病不起。府君以道途阻塞，奏明回京，绕道赴丧。甲子三月，奔抵吴城，瞻拜灵帏，号恸欲绝。未几，江右戒严，复挈家之安庆。七月，同邑柯比部钺卒于省寓，府君哭之恸，即觉困惫，旋复发热，作呃逆，如是十余日，几殆。服药月余，始复旧。乙丑二月，由吴城扶柩回里，四月抵家，即经营卜葬事。时兵燹之后，里闬成墟，人民寥落，亲知族党多半流亡。府君以暮岁还乡，睹此情形，弥深悲愤。陡于六月中旬，旧恙复发，兼感暑热，延医服药，迄不见效，然犹能力疾起立。二十一日，身体益惫，府君自知不起，即口授遗折，命不孝等敬谨缮写，犹以国恩未报、亲丧未葬为憾。二十二日午后，药饵不能下咽，延至申刻，竟尔弃养！呜呼痛哉，何天之不吊至于此极也！

府君识量宏远，寓浑厚于精明，处事以虚心，必求洞悉源委，办事以实心，不肯稍事因循。自以受圣朝恩遇之隆，于国计民生政事得失，知无不言、言无不尽。每上封事，一灯属草，宵分不寐。平居则与同志数人讨论古今，孜孜不倦。以时事方殷，人才为重，故于宏奖风流，尤注意焉。前后荐剡，不下数十人。凡所敷陈，多蒙采纳；凡所推荐，多蒙录用。其所以承宠眷、荷褒嘉者，固有由也。办理部务矢慎矢勤，不敢苟且迁就。公余手执一卷，披览不辍。自为司员时，见库帑支绌，思所以济国用，乃历考古来圜法利弊，悉心研究，积思十余年。及入谏垣，即上钞法十条，为权宜济用之计，而部议多格不行，其所行者非府君法也。

府君天性孝友。大父年七十时，屡禀请归养大父，不许。及戊申奔丧，一恸几绝。时以不及侍汤药、视饭含为憾，奉大父位于堂，晨夕奉餐上食如平时，居丧斋素，绝不茹荤。时适阳川伯祖姑归甯，祖姑素聪明，识道理，为府君所敬重，见府君毁瘠过甚，委曲劝导。府君闻言益悲，号啕痛哭，祖姑亦惨然不能尽其语。

府君性恬淡、寡嗜欲，京臣三十载，恒独处会馆中，自奉俭约，粗衣粝食处之晏如。平生笃于师谊。淳安王子香先生，幼时业师也，后其家零落，府君招其子来，所以慰劳勉励之甚挚，岁暮必邮金资助之。戚党中之孤苦者亦按时资给，岁以为常。亲友称贷，必竭力以副。遇善举欣然乐为，凡乡间葺祠宇、通道路、修堤、造桥诸事，靡不量力伙助。

府君律己甚严，责人贵宽，人有过未尝不正言规劝，然词意温婉，故人乐从之。士之来谒者，必引掖奖励，喻之于道。生平研究经史，期为有用之学，所著古文、时文、试帖共若干卷。待不孝等以慈，而课不孝等綦严，恒训不孝等以孝悌二字是人家根本，失此二字其家断不能昌。又曰，「

凡人坏品行、损阴骘都只在财利上，故做人须从取舍上起，富与贵是人之所欲章，学者最宜亲切体认此处得失。利害关头，人心安能无动？惟当审之以义，安之以命，古云漏脯充饥，鸩酒止渴，非不暂饱，死亦随之，当时时作此想，则自然不妄取。渴不饮盗泉水，热不息恶木阴，有志者须极力持守，方可望将来有成。」又曰：「莫看眼前吃亏，能吃亏者是大便宜，此语一生守之用不尽。」又曰：「我之奏疏，词虽不文，然颇费苦心，于时事利弊实有切中要害处，存以垂示子孙，使知我居谏垣，蒙圣恩超擢，非自阿谀求荣中来。他日有入谏垣者，亦不必以利害之见存于心，能尽此心，自邀天监。」等语，不孝等谨志之弗忘。今言犹在耳，而声咳无闻，彼苍者天，胡夺我府君之速耶！

府君生于嘉庆三年三月十一日申时，卒于同治四年六月二十二日申时，享寿六十有八。聘洪夫人，国学生讳伯怫公女；配吴夫人，国学生讳大霞公女；继配吾母洪夫人，讳观政公女。子三，长不孝铭诏，邑增贡生中书科中书，娶方村方廪贡生讳承诰公女；次不孝铭慎，已未科挑取誊录国史馆议叙盐大使，娶浙江乌程闵原任角斜场大使讳廷楷公女；三不孝铭镇，国学生，三十三岁卒，娶潭川汪辛卯科江南解元、原任来安县教谕讳立权公女，继娶邑城陈邑附生讳诗公女。女二，长适阳川洪道衔名本佳长子承基；次适西溪汪国学生名运镳次子优附生宗沂。孙四人，长经守，不孝铭镇出，聘方氏；次经宇，不孝铭诏出，聘方氏；三经宬、四经宋均不孝铭慎出，孙女八，长字庠吴里道衔名锡维子邑庠生名祖植，次未字，均不孝铭诏出；三字郡城许候补知府名长怡子经生，不孝铭慎出；四字磻溪方县丞衔名增翰子；五字邑城江前署繁昌县训导讳东巨公孙国学生名兑子，均不孝铭诏出；六殇；七未字，均不孝铭镇出；八未字，不孝铭诏出。

不孝等苦次昏迷，事多罣漏，语无伦次，伏冀当代立言君子，锡之铭诔，以垂久远。不孝等世世子孙感且不朽。

慈命称哀。孤哀子王铭诏王铭慎泣血稽颡谨述。赐同进士出身诰授光禄大夫太子太保武英殿大学士直隶总督一等毅勇侯愚弟曾国藩顿首拜填讳。

阮陵吴大廷序

少司马歙县子怀先生，由御史历太仆寺卿，擢户部侍郎，调兵部，旋转左。七八年中，章数十上，凡百余疏。其直声清节，上自公卿，下至工贾隶圉，无智愚遐迩，啧啧皆赞其贤。先生既请告，辑其奏议若干篇，汇为四卷，藏诸巾笥，不以示人。而余以菲材，辱从公游，得尽发其覆而遍读焉。窃不禁于人材升降、风俗盛衰及天下治乱兴废之故，欷歔感喟，蠢然不自知其涕之何从也。

伏惟我朝累叶忠厚，未尝轻罪言者，宜其直言敢谏之风，于今为烈矣。而自余有知识以来，凡列言路及大臣之例得尽言者，约之有三端焉。其禁不一言，骫骳瑟缩，第知保全名位者勿论。已或间有敷奏，类多借人嗾指，毛举细故。否则，值机会之来，巧投以抵其隙。又或侃侃陈词，纠弹无避，人争以直臣归之，己亦深自矜负抗颜，以古谏臣自居。及细究其宥密，非假以名高，即阳震动人耳目、而阴以自便其身图。无怪乎天子焦劳于上，小民愁怨于下，而人材日降，风俗日漓，卒无有人焉奋身以徇国家之难，此有道仁人，可为痛哭流涕者也。

先生孑然一身，清俭朴约，非如世之矫激以沽名者。方官御史，在今上初元。是时洪逆起岭南逾岁逾湘鄂。所过名城大邑，望风披靡。师劳饷竭，海内绎骚。独抗请疏天子下诏，革小楷及括帖之习，而汲汲以设法振兴人材，至于攻守之宜，筹饷之方，与夫选将练兵，解胁从、褒忠义及行钞铸钱诸大政，无不精思熟虑，卓卓可见施行。其尤要者，《临幸御园》《天时人事》两疏，拳拳以格君为心，几乎程朱正心诚意之遗风焉。使果一一能用其言，蠢兹潢池，朽蘖而定之足矣，又何至东南涂炭，使夷狄乘虚而入，骎骎乎成燎原之势哉！惜乎言虽切直而不获见诸设施，不得已引疾以退，而时事遂渐不可支矣。悲夫！抑余更有感焉，先生以御史不三年，骤列卿贰，其被上知遇，不可谓不深也，而乃言不见用竟如此，岂治乱兴衰，天实为之，非人力所得与者耶，毋亦柄国者视天梦梦，有不得辞其责者欤。

虽然，无平不陂，无往不复。今上聪明仁恕，一旦追思忠荩，特旨起用，其必有以振兴人材挽回风俗，庶几复见隆平之盛轨乎。余不敏，愿拭目俟之。而姑因推本先生奏议之意，并著一时习尚所趋，使后之君子有考焉。

（十年秋，夷祸日炽。先生遐寓，言辄流涕被面。迄冬，余诣先生，询及上不次超擢，其意盖将大用也，何以言不见用如此。先生谓以谏临幸御园一疏积忤上意，因称辜负天恩，复俯案泣涕，不能自已。先生已投闲散，而悬款悱恻，犹如疾痛切身，非真忠君爱国，足以质天地而泣鬼神，其能若此乎！序中偶未列入，而姑为补记于此云。）

辛酉上元沅陵后学吴大廷拜序并识

盱眙吴棠序

天下之患，非不言之，患而不能行之。虽然，言之之人未必即行之之人，行之之人未必即言之之人。言矣而或不切事情，或坐失先机，辩难百端，弊伪滋起，于是乎其患又岂在不能行，而先患乎言非所言。昔在文宗御极之初，天下能言之士亦众矣，然或言之而可行，或言之而不可行；或行之而效，或行之而不尽效。此无他，言之者自揣其不必行，故逾量言之而不以为过；行之者又以为非出于本心所欲言也，故率意行之而无所于惜，言与行交相诿而莫任其咎，此所以言日益多而愈无补也。子怀少宰以清德巍科，历路通显，感激先皇知遇之隆，前后奏疏不下十数万言，初无惊奇可喜之论，得至事后核校之，一一如烛照龟灼，寸量而铢计。棠盖反复推究，而后知公之深虑远识，不以空言为尝试，而必求于至当之归，其用心尤不可及也。公之奏筹兵防也，时湖南之贼星夜逆窜，未知所向。论者防其退回广西，而公独深虑其窥伺岳州，以为一有疏失，湖北必且大震；况贼顺江东下，既无水师，又无厚饷，恐江北人心亦复震惊。奏甫上，而岳州不守。其奏筹皖防也，以小孤山为皖省之扼塞，亦金陵之门户，舍小孤山而守安庆，是为开门延盗，贼必下趋江宁，天下大局可为寒心。不逾年，而有金陵之变。其奏筹防江浦也，以浦口为扼贼北窜之要区，防兵不宜暂动；若自撤藩篱，不独南岸下关、观音门之贼船可以扬帆而至浦江，即江浦城内之贼亦可出而与东南之贼并攻六合，一旦有警，援救不及，将使坚持数年忠义之民尽成灰烬，可为悯惜。不逾年，而有六合之变。其奏请剿除捻匪也，时宿、蒙、亳、寿不过聚众，少者数百人，多者才及千人，国家方经营粤逆，未事小丑，而公独以结党逾多，必致酿成巨患，深用隐优，且屡献坚壁清野之计，厥后捻果鸱张，蔓延綦久，而江北数省筑圩堡、清蓄聚，亦卒无有易其策者。由今思之，公何不幸无一言之不大验也？夫公岂骋辩饰智，取必于立谈之顷，以侥幸于异日之左券哉。诚知言之必可以行，故指事类情而必要诸至是，洞悉机宜而不离其所守若是。公非徒知言之难，而深知行之为难，虽处事权不属之地，亦若身体而力行之者，故言之探喉痛切而无所隐。惜乎公之所设施不尽用于世，至今而徒以言见也。棠之再宰南清河也，与公无一面交，首列荐剡，不胜知己之感。同治三年，公以奉讳返里，道出淮阴，始得一接奉颜色，蔼然深挚，词气呐呐，如不出诸其口，益信公之不欲仅以言见，而使世之人诵公之言，固非公之心也。棠识性浅陋，于公未能窥见万一，而即公之言以想公之行，公论所在，宇宙至广，必有非棠一人阿好所能掩饰者矣。故于刊行之始，不惮烦词缕析，以告天下后世之进言者。

同治五年岁次丙寅　月　日盱眙吴棠叙

易佩绅序

嗟呼，此吾师王子怀先生奏议稿也！先生名茂荫，安徽歙县人。由道光十二年壬辰科进士，官至吏部右侍郎，此其自御史讫侍郎奏议也。先生但以存于家，非欲传于世；佩绅尝抄而读之，不忍其不传也。

佩绅自咸丰六年丙辰，公车入都，于邸抄中读先生奏议，即向往之。戊午春再入都，先生采佩绅名，先下顾，始常过从，欲执弟子礼，以先生在位，避干谒之嫌，迟迟也。是秋，先生引疾去位，乃执礼焉。庚申出都，携所抄先生奏议，止戊午去位以前者。光绪九年癸未，距先生卒十有九年矣，晤先生次子铭慎，乃得其所存先生辛酉起用以后者。前年乙酉，刻于四川藩署，分御史任内为台稿，太仆卿任内为寺稿，侍郎任内为省稿，起用后为续稿，共十卷。刻甫竣，而佩绅移苏，携板以行。适先生长子铭诏来，又得其所存、前抄未尽者，刻补遗一卷，合为十一卷也。

先生德望在天下，传在国史，即奏议之曾见诸邸抄者，亦十有六七，何俟佩绅表扬。顾佩绅自道光、咸丰以来，所见名公卿亦多矣，而独奉先生为人师。盖功名之人，或远于道德，或近焉而不纯。附托于道德之人，或但以为名高。若夫夙夜孜孜，以恩格君心为性命，以求苏民困为家事，以博采人才为嗜好，其求诸人非诸人也，皆先有诸己、无诸己，且有有诸己而亦不求诸人，无诸已而亦不非诸人者，则以其非国计民生之利病也。其言也，无一非国计民生之言也，亦必实见为可行而后言；其为学也，皆切于身心国家之学也，凡不切于身心国家者，皆不以分其心力；其义利判然，表里洞然也，无一毫计较、迁就、缘饰、标榜以杂于隐微，人所立于天地之道，应有尽有，应无尽无，舍先生其谁归哉！嗟呼，曾几何时，即不纯于道德而能成功名，能附托为名高者，亦寥寥矣！悲从中来，忧从中来，何能已也！

光绪十三年丁亥冬十一月受业门人易佩绅谨序。

吴锡纯序

公之女孙，为纯犹子妇，故得瞻公丰采。粤贼之乱，蔓延十六省，稽讨十三年，迅扫而廓清宇内者，为曾侯文正。而共以百口保文正者，公其一焉。斯时闻而乐之，然但知公有择将之识，而犹不知公固有为将之才也。今年纯以卓异朝京师，归，留滞豫章会垣，得公长孙郎寄公奏议索序，嗣公冢孙来视姊，又言之。披阅终卷，始知贼初起时，公方官台寺。当其出粤而窥湘及鄂，公策贼不思蜀而志在金陵，即前后建议严防岳州、九江、小孤山诸要害，以遥卫金陵。而以承平日久，大吏无一知兵，不如议，而金陵卒陷。及贼北窜，公疏以何人可恃，何人不可恃，何地当守，何地不当守，均能明若观火，发无遗策。而尤兢兢加意者，宽胁从之罪以散贼掳掠之众。仁也，而智兼之，智也，而仁寓之，卒之成大功以此。使公早受封疆重寄，固善用兵者无赫赫之功，即迟出而督师，立功当不在文正下矣。及跻卿贰，谆谆以格君心、进人才、培气节为务，而所荐多牧令之贤，则又明乎召乱之始，致治之源，所以消平祸患者不在折冲御侮之间，彬彬乎古相臣风矣。他如崇儒、修学、慎刑、理财，虑捻匪之势张、料夷人之情伪，诸大端均疑无不思，知无不言，而最关系国体者，和约不可改，举人生员之不可以资进也。纯生也晚，不及居门下以亲受钧陶。作宰三十余年，矢清矢慎矢勤，虽幸获例荐，究恨不得如公者而事之，以作其奋勉之气。兹幸挂名公书，则不惟以姻戚见亲，并足伸其高山仰止之意，更思克尽厥职，期无忝于公之后辈云尔。

光绪二十五年岁己亥季秋月姻愚侄吴锡纯拜序

皖新登字05号

丛书常务编辑：杨应芹
责 任 编 辑：张静河
装 帧 设 计：宋子龙

安徽古籍丛书

王 侍 郎 奏 议

(清)王茂荫 撰 张新旭 张成权 殷君伯 点校
施培毅 审订
安徽省古籍整理出版规划委员会办公室编
黄 山 书 社 出 版 （合肥市金寨路283号）
新 华 书 店 经 销 安庆新华印刷厂印刷
开本：850×1168 1/32 印张：7.75 字数：167,000
1991年12月第1版 1991年12月第1次印刷
印数：0,001—2,000

ISBN7-80535-282-8/G·109 定价：5.50元

《安徽古籍叢書萃編》書目

定本莊子故
康輶紀行　東槎紀略
北山樓集
疑庵詩
方望溪遺集
識小録　寸陰叢録
東萊詩詞集
明太祖集
王侍郎奏議
朱楓林集
敔孚類稿
施愚山集（全四册）
吴敬梓吴烺詩文合集
張孝祥詞箋校
竇山公家議校注
翠微南征録北征録合集
阮大鋮戲曲四種
老子注三種

杜詩説
朱書集
論語解注合編
郭祥正集
皖人詩話八種
績學堂詩文鈔
唐詩評三種（上下）
鈍齋詩選
老子注譯
莊子詮詁
説文假借義證（全五册）
劉銘傳文集
包世臣全集（全三册）
田間易學
莊屈合詁
田間詩集
田間文集
古事比（上下）
安徽出土金文訂補

道聽途説
蘭茗館外史
青泥蓮花記
秋崖詩詞校注
舌華録
明語林
夜雨秋燈録（上下）
包拯集校注
毛詩後箋（上中下）
壹齋集（上下）
孟子講義
楊仁山全集
不得已（附二種）
歙事閒譚（上下）
惜抱軒詩集訓纂
張孝祥詩文集
吴汝綸全集（全六册）
青溪集
藏山閣集

田間詩學（上下）
俞正燮全集（全三册）
皖人戲曲選刊　鄭之珍卷
詠懷堂詩集
所知録
文選箋證（上下）
七頌堂集
程瑶田全集（全四册）